器械健身实战宝典

○ 成振 编著　○ 80S 摄影

（修订版）

人民邮电出版社

北 京

图书在版编目（CIP）数据

器械健身实战宝典 / 成振编著；80S摄. -- 修订本
. -- 北京：人民邮电出版社，2023.4
ISBN 978-7-115-55618-9

Ⅰ. ①器… Ⅱ. ①成… ②8… Ⅲ. ①健身器械—健身
运动 Ⅳ. ①G883

中国版本图书馆CIP数据核字(2020)第260903号

免责声明

内 容 提 要

随着人们生活方式的改变，越来越多的人开始走进健身房，或者在家选择器械健身的方式进行锻炼，器械健身在增加肌肉力量以及减脂方面具有优越性，对减脂而言是不错的选择。定期进行器械健身，不仅可以调节体态，改善身体机能，提升身体健康程度，还可以让身心得到放松。本书介绍了20种常见健身器械，并给出了利用这些器械进行的70种健身方法，通过分步讲解配合肌肉图解的方式，帮助读者进行肌肉训练的同时能够对身体各部位的肌肉以及动作原理有更直观和深入的理解，使读者快速了解器械健身的训练方法与训练技巧。无论是热爱锻炼的入门级练习者，还是资深健身爱好者，都可以从本书中找到自己需要的知识和训练技法。

◆ 编　著　成　振
　　摄　影　80S
　　责任编辑　李　璇
　　责任印制　周昇亮

◆ 人民邮电出版社出版发行　　北京市丰台区成寿寺路 11 号
　　邮编　100164　　电子邮件　315@ptpress.com.cn
　　网址　https://www.ptpress.com.cn
　　固安县铭成印刷有限公司印刷

◆ 开本：700×1000　1/16
　　印张：13.5　　　　　　　　　　2023 年 4 月第 2 版
　　字数：354 千字　　　　　　　　2025 年 6 月河北第 8 次印刷

定价：59.80 元

读者服务热线：(010)81055296　印装质量热线：(010)81055316
反盗版热线：(010)81055315

在线视频访问说明

本书提供部分动作练习的在线视频，您可通过微信"扫一扫"，扫描书中的二维码进行观看。

Step1： 点击微信发现界面右上角的"+"，弹出功能菜单。

Step2： 点击弹出的功能菜单上的"扫一扫"，进入该功能界面。

Step3： 对准书中二维码进行扫描。

（打开微信"扫一扫"）

（通过微信"扫一扫"扫描书中二维码即可观看）

■ 如果您已关注微信公众号"人邮体育"，扫描后可直接观看该动作练习对应的在线视频。

■ 如果您未关注微信公众号"人邮体育"，扫描后会出现"人邮体育"关注页面。请根据说明关注"人邮体育"，并点击"资源详情"，即可观看视频。

► 书中有●标识的动作练习配有对应的在线视频。

► 本书提供的视频均可通过扫描同一二维码进行观看。为方便读者使用，本书将在配有视频的动作练习所在小节的标题处（第38页、第44页、第70页、第82页、第128页、第160页和第197页）提供该二维码，读者扫描任意一处二维码均可以看到动作练习视频目录，按需进行观看即可。

CONTENTS/ 目录

chapter 04　选择适合你的训练计划

扫描右方二维码添加企业微信。

1. 首次添加企业微信，即刻领取免费电子资源。

2. 加入体育爱好者交流群。

3. 不定期获取更多图书、课程、讲座等知识服务产品信息，以及参与直播互动、在线答疑和与专业导师直接对话的机会。

人邮
体育

开始健身前，你需要了解的
那些事儿

chapter 01

不可不知的器械健身优越性

器械健身的优越性，首先体现在增加肌肉力量以及减脂方面。利用健身房的各种器械进行负重练习，可刺激肌肉，使其变得更加强壮，并使人体肌肉力量得到提升。多样的健身房器械，可以使训练者不同部位的肌肉都能得到训练，使全身肌肉力量都能得到提升。另外，器械健身多为无氧训练，无氧训练在训练过程中，需要高强度的爆发力，不仅在训练过程中会消耗大量能量，在运动后还可以持续消耗能量，对减脂而言是不错的选择。

器械健身的优越性还表现在，它可以解决身体多方面的健康问题。如今快节奏的生活，使上班族整日奔波于家庭与工作之间而无暇健身，亚健康状态在上班族中普遍存在。长期伏案工作，容易造成颈椎和腰椎问题。定期到健身房进行器械健身，不仅可以调节体态，改善身体机能，提升身体健康程度，还可以让身心暂时脱离工作，得到放松，对身体健康与心理健康都是十分有益的。

让脂肪燃烧起来——有氧运动

什么是有氧运动

有氧运动，是指人体在运动过程中，血液能够及时输送氧气，使氧气能够达到身体各部位，充分氧化体内的糖分，消耗脂肪。相对来说，有氧运动的运动强度小、时间长，在运动后身体机能恢复也比较快。

有氧运动有哪些益处

进行有氧运动，可以提升人体各系统功能，比如心血管系统，在经过有氧运动后，心脏输送血液的能力更强，向身体传送的氧也更多，身体各器官、肌肉也能得到更多的养分。多进行有氧运动，还可以消耗体内多余脂肪，是减肥的有效途径。

常见的有氧运动

推荐运动 1——游泳

游泳运动为很多人所喜爱，是一项有氧运动，且运动效果较好。游泳的运动场地和大部分运动不同。游泳运动的运动场地是水中，游泳者受到的重力被水的浮力大大减小，这样一来，关节就没有太大的负担了。另外游泳者在水中游泳时，处于低温环境，为了保护身体机能，人体会消耗更多的热量。因此，对于需要保护关节的人群，以及需要减肥的人群来说，游泳都是非常合适的有氧运动。

慢跑是最常见的有氧健身方式，也最简便、最容易实施。只需要一双合适的跑步鞋、一套舒适的运动服，就可以跑起来。经过一段时间的慢跑锻炼后，训练者会发现，睡眠质量变好了、肺活量变大了、郁结的心情也得到了疏散。这是因为慢跑能改善人体各系统的机能，尤其是心肺功能，能增加肺活量，并提高心脏输送血液的能力，让呼吸系统与血液循环系统都得到改善。

另外在跑步30分钟后，大脑会分泌令人感到愉悦的内啡肽，使训练者的压力得到释放和缓解。

慢跑需要注意的是，时间不要太长，频率也不要太高，否则容易磨损膝关节，造成难以恢复的关节损伤。

骑自行车的益处有很多，是大家乐于接受、容易带来快乐的健身方式。首先，为了保障骑行的安全，大脑要时刻留意周围的环境，因此它可以提高锻炼者的神经敏感度，让大脑参与运动。其次，锻炼者在骑自行车时，主要靠下肢发力，可以充分锻炼下肢，同时也能提升人体肌肉耐力。长时间的骑行，还能有效锻炼并提升心肺功能。最后，在长时间的骑行运动中，由于能量消耗多，能起到瘦身作用。

骑自行车需要注意的是，要选择柔软度适中、宽窄合适的车座，减少臀部与车座的摩擦，避免造成运动损伤。

让肌肉膨胀起来——无氧健身

什么是无氧运动

无氧运动，是指在短时间的剧烈运动过程中，体内糖类的有氧代谢来不及给身体提供能量，此时需要糖类快速进行无氧代谢，以释放大量能量供运动使用。无氧运动的瞬间爆发力很强，能量需求大，运动后的身体机能恢复慢，但能有效提升肌肉力量。

无氧运动有哪些益处

我们在做无氧运动时，人体新陈代谢速度快、耗能多。通过无氧运动可以提高我们的肌肉力量、爆发力，增加肌肉体积，提高运动速度。因此，如果想要更快地练出肌肉，可以选择无氧运动。

常见的无氧运动

无氧运动在提升肌肉收缩力量与速度、提升肌肉耐力方面有很好的表现，并且能提高骨密度，提高身体机能以及免疫力，有助于身体健康。因此人们在身体条件允许的情况下，应适当进行一些无氧运动。我们生活中常见的无氧运动有很多，包括短跑、跳高、举重、俯卧撑、平板撑等。

有些无氧运动在家中就可练习，比如俯卧撑、平板撑、深蹲等。

了解肌肉

人体主要肌肉组织图解

在进行肌肉训练之前，先了解一下人体肌肉组织的名称和位置，以便我们更有针对性地锻炼肌肉。

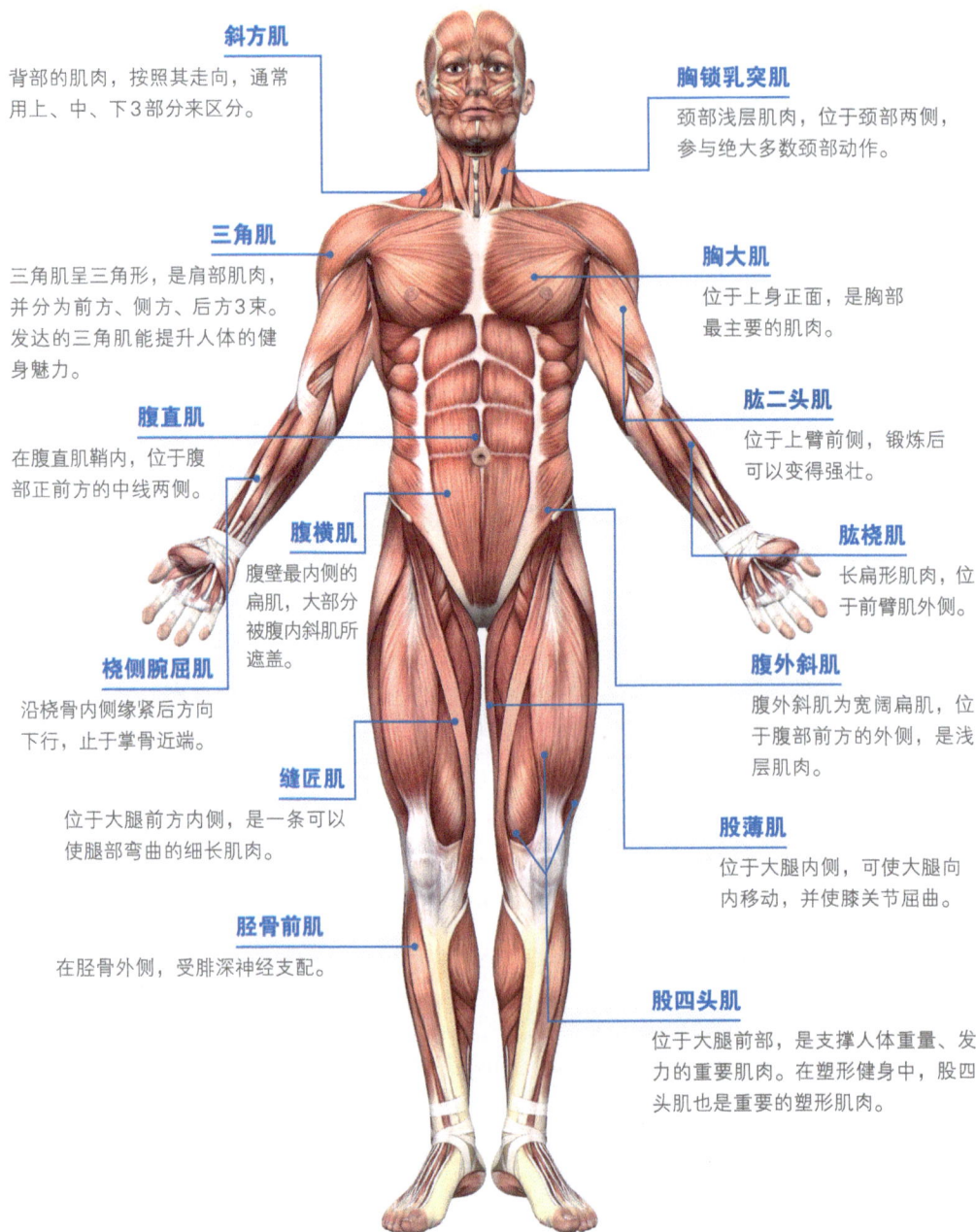

斜方肌

背部的肌肉，按照其走向，通常用上、中、下3部分来区分。

胸锁乳突肌

颈部浅层肌肉，位于颈部两侧，参与绝大多数颈部动作。

三角肌

三角肌呈三角形，是肩部肌肉，并分为前方、侧方、后方3束。发达的三角肌能提升人体的健身魅力。

胸大肌

位于上身正面，是胸部最主要的肌肉。

腹直肌

在腹直肌鞘内，位于腹部正前方的中线两侧。

肱二头肌

位于上臂前侧，锻炼后可以变得强壮。

腹横肌

腹壁最内侧的扁肌，大部分被腹内斜肌所遮盖。

肱桡肌

长扁形肌肉，位于前臂肌外侧。

桡侧腕屈肌

沿桡骨内侧缘紧后方向下行，止于掌骨近端。

腹外斜肌

腹外斜肌为宽阔扁肌，位于腹部前方的外侧，是浅层肌肉。

缝匠肌

位于大腿前方内侧，是一条可以使腿部弯曲的细长肌肉。

股薄肌

位于大腿内侧，可使大腿向内移动，并使膝关节屈曲。

胫骨前肌

在胫骨外侧，受腓深神经支配。

股四头肌

位于大腿前部，是支撑人体重量、发力的重要肌肉。在塑形健身中，股四头肌也是重要的塑形肌肉。

冈下肌

位于冈下窝及肩背部，肌肉比较丰满。

斜方肌

背部的肌肉，按照其走向，通常用上、中、下3部分来区分。

大圆肌

整个肌肉呈柱状，起于肩胛骨下角背面，止于肱骨小结嵴。

背阔肌

扁肌，位于背部区域的下方，以及腰部区域浅层。

肱三头肌

位于上臂的后侧，包括长头、内侧头和外侧头。

竖脊肌

位于深层，下起骶骨背面，上达枕骨后方，为一对强大的伸脊柱肌。

臀大肌

四边形肌肉，在大腿后伸及外旋时起作用，被臀下神经支配。

腘绳肌

由位于大腿后侧的股二头肌、半腱肌、半膜肌构成，可使大腿向后伸，并弯曲膝关节。

腓肠肌

位于小腿后侧的浅层肌肉，分左右两块，汇合于小腿中部。腓肠肌下端形成跟腱，并连接跟骨，是人体直立行走时的重要肌肉。

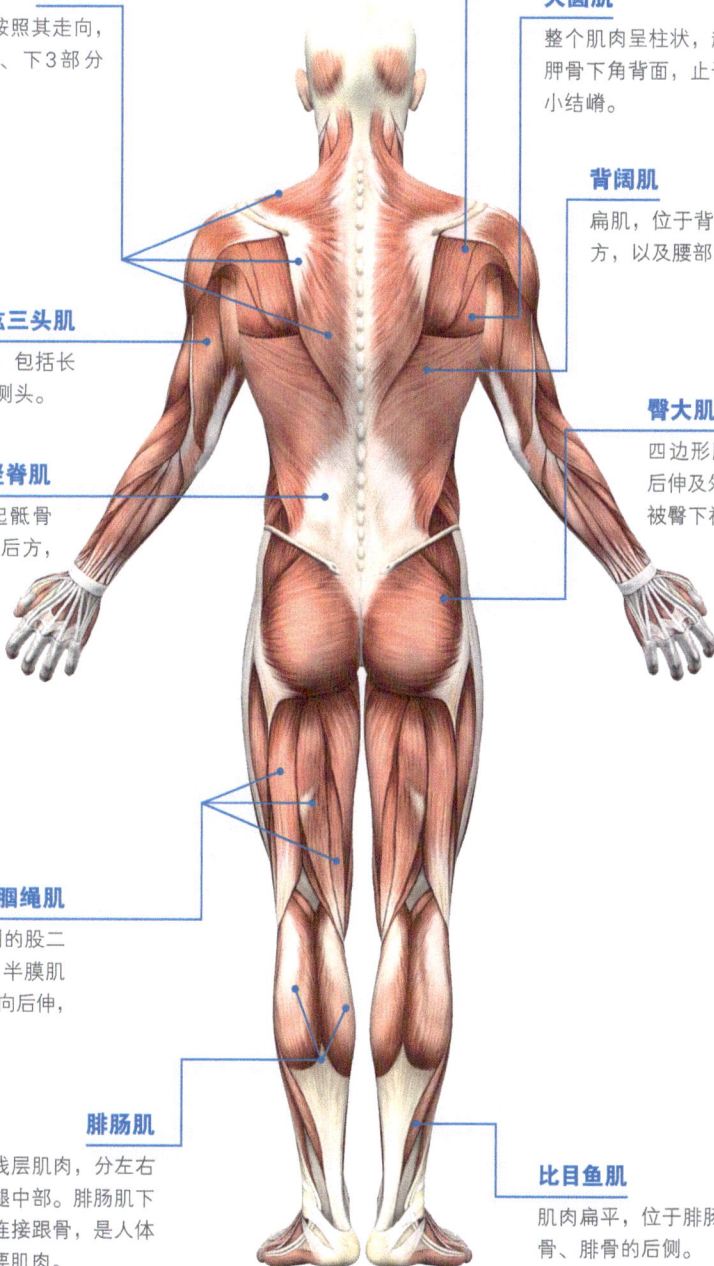

比目鱼肌

肌肉扁平，位于腓肠肌下面，胫骨、腓骨的后侧。

了解肌肉收缩的不同方式

肌肉在收缩运动时，根据动作的不同，有不同的收缩方式，一般包括以下3种：缩短收缩、拉长收缩与等长收缩。

缩短收缩

1. 概念：缩短收缩，又称为向心收缩，这一运动阶段，肌肉收缩的力大于外在的将肌肉拉长的力，因此肌肉缩短，并带动相关骨骼做出特定的动作。

此时，肌肉的收缩方向与负荷的运动方向保持一致，肌肉的做功为正功。

2. 种类：根据肌肉收缩的张力与负荷的关系以及肌肉收缩的速度是否恒定进行分类，缩短收缩还可以分成两类，即等张收缩与等动收缩。

首先是等张收缩。从名称上就可以得知此类收缩强调张力相同。它要求外力是恒定的，在关节活动范围内，肌肉张力恒定，肌肉的长度在收缩时发生长短变化，为等张收缩。如哑铃的弯举动作，哑铃的负荷是恒定的，肌肉在克服负重做功时，张力不变，通过肌肉的长度收缩带动关节产生运动。

其次是等动收缩。等动收缩强调肌肉收缩速度的一致性，并且收缩的速度频率要相同。等动收缩一般借助器械来进行，如等动练习器。等动练习器的设计，可以使肌肉在关节活动允许范围内，达到最大抗阻要求，以进行等速等张的、克服最大阻力的肌肉训练。

拉长收缩

拉长收缩，即离心收缩，是肌肉的离心运动，指肌肉在收缩的同时，收缩力小于外来的将肌肉拉长的力，肌肉被拉长。如哑铃弯举时地放下动作，肌肉收缩力量小于负重，虽然是在做收缩运动，但肌肉在这个过程中是被拉长的。

拉长收缩时，肌肉运动方向与负重的运动方向相反，所做的功为负功。

等长收缩

等长收缩，即肌肉在收缩过程中，保持长度不变，但肌肉一直在持续做功。此类收缩多见于保持身体稳定的肌肉群中，虽然身体看似没有产生位移，但肌肉做功消耗能量却很高。

了解自己的身体状况

了解自己的体质

有人吃大鱼大肉也不长肉；有人三餐吃素，却依旧容易发胖。

同样是吃辣椒，有的人皮肤仍然很光滑；有的人却稍微吃一点辣就长痘。

二八月，乱穿衣，有人穿棉袄，有人穿半袖，体感温度为什么差别这么大呢？

这是因为人与人本身的体质是有差别的，体型类型不同，新陈代谢的能力不同，会形成不同的生活习性与身体状况。人的各种体质与体型类型，在胚胎发育时期就已经开始形成，胚胎的不同胚层发育情况不同，从而形成各具特色的体质。

三种不同的体型

中胚层体型（肌肉型）

中胚层体型，通常被认为是较理想的体型。在胚胎发育时期，胚胎内的中胚层发育优良，形成中胚层体型，又称为肌肉型体型。由于中胚层负责肌肉与骨骼的发育，所以这种体型的人群，身体特征为身材挺拔、骨骼健壮、胸部与肩部较为宽阔，男性髋部比肩部窄，即我们常说的"倒三角形"体型，女性的臀宽与肩宽大致相同。

中胚层体型的人群，有发达的骨骼和肌肉，容易胖起来，也容易瘦下去。他们在健身上的特点是：锻炼效果明显，容易塑造出有型的肌肉。

外胚层体型（纤瘦型）

外胚层体型，是指人体在胚胎发育时期，外胚层发育优良的体型种类。外胚层最终发育为神经系统，以及皮肤的表皮，骨骼与肌肉的发育弱一些。因此在外在表现上，外胚层体型人群通常娇小而消瘦，骨架小、肩膀窄、四肢长、肌肉少且力量小、不容易长胖。很多模特属于外胚层体型。

内胚层体型（易胖型）

在胚胎发育时期，如果内胚层发育占优势，则会形成内胚层体型。内胚层最终发育为我们体内的消化系统、呼吸系统，以及一些内脏。这种体型的人群，有着发达的消化系统，食物在消化后也容易形成脂肪沉积，再加上拥有宽大的骨架，很容易形成肥胖的体型。同时内胚层体型人群的新陈代谢比另外两种体型的人都缓慢，脂肪容易囤积，想减肥的话，会比较困难。

如何预防和处理运动损伤

运动损伤，是指在运动中，因为热身不充分、动作不科学或其他原因造成的伤害。

正确进行运动防护，防止身体受到伤害

急性运动伤害

急性运动伤害，是指运动中突然发生的、一次性形成的身体伤害。急性运动伤害通常包括以下现象。

○骨折。

○撞伤或挫伤。

○各种肌肉拉伤。

○脱臼。

○韧带的撕裂、扭伤。

○其他开放性伤口损伤（如擦伤、撕裂伤等）。

护膝

慢性运动伤害

慢性运动伤害不是一次性造成的伤害，而是在运动中，因为不良的运动姿势或其他原因，在同一位置多次发生微小伤害，微小伤害的多次叠加最终造成影响运动的伤害。慢性运动伤害多集中表现为各种炎症，如以下症状。

○关节炎。

○腱鞘炎。

○滑液囊炎。

○肌腱炎或骨膜炎。

○骨化性。

护踝

思想上重视

运动时，首先要遵循人体运动规律，并从思想上重视起来，进行运动防护，避免身体受到伤害。

热身、放松、恢复、营养

1. 运动前充分热身。

2. 运动后做好放松运动。

3. 运动后及时休息，做好营养补充，使身体尽快恢复。

了解自己的身体

运动前对自身的健康状况要有充分的了解，避免带伤运动，造成更大的运动损伤。

学会自我保护

在进行运动时，首先要学习这项运动的运动技能；其次要配备相关的运动护具，保护身体重要部位。另外，选择合适、安全的运动场所，减少运动损伤发生的可能性。

注意科学运动

科学运动，即通过科学的方法，遵循科学规律进行运动。只有科学运动，才能收获健康的体魄，达到自己想要的训练水平。科学运动具体包括以下这些方面的内容。

1. 要全面运动。不能单一地对身体某一部位或某块肌肉进行训练。

2. 循序渐进地进行。所有的运动训练都不能一蹴而就，从最基本的技术开始练起，训练负荷由小到大，逐步提升，否则容易造成运动损伤。

3. 运动的差异性。基于人与人年龄、性别、体力等的差异，在进行运动时，要根据自身特点来安排运动的难度与运动量。

4. 运动的反复性。人对运动的认识，需要经历从基本的感性认识，到深层的理性认识，再到将其运用到实践的过程。这一过程是要反复进行的。

5. 运动的意识性。即增强对运动的理解，并培养优秀的运动心理素质。

实用的RICE疗法原则

RICE运动损伤后的疗法，是休息（Rest）、冰敷（Ice）、压迫（Compression）、抬高（Elevation）的英文首字母的缩写形式。使用该疗法可以减轻损伤后的肿胀、发炎程度，加快损伤的恢复。但是如果损伤较为严重，应及时就医。RICE疗法具体包括以下处理手段。

休息（Rest）

较轻的运动损伤，强调受伤后首先要好好休息，经过几天的休养后，观察受伤部位是否有好转，提倡让其自然修复。

冰敷（Ice）

在受伤的24~48小时，适当进行冰敷。将冰块敲碎，裹在毛巾内，在受伤部位轻轻揉动，可以减少受伤部位的出血，减缓疼痛，形成保护机制。

压迫（Compression）

用绷带包扎受伤部位，适当增压，防止出血过多。

抬高（Elevation）

运动损伤发生后的48小时内，尽量将受伤部位抬高（高于心脏水平位置），促使血液与组织液回流，减轻受伤部位的肿胀程度。

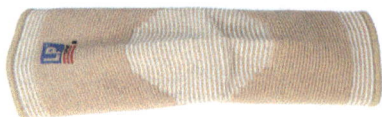

护肘

护腰

— 走进健身房 —

chapter 02

有哪些实用的健身装备

为了更好地健身，取得良好的健身效果，我们需要准备一些必要的健身装备。合适的运动装备就像催化剂，让健身变得科学、有效且有趣。

负重腰带：有效保护腰椎

负重腰带是常用的健身设备，通常在进行较大负荷训练时使用。它可以增加腹腔压力，加强躯干核心区域的力量，提升躯干稳定性，有助于发力。同时它可以保护腰椎，减轻腰椎受到的压力，避免在大负荷训练时腰椎受伤，尤其是在做深蹲和硬拉动作的时候。

使用时机：大负荷训练时，以及将重量集中于腰部、腰椎部位的训练等。

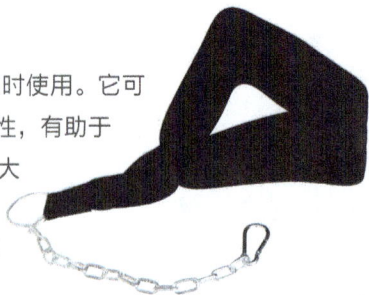

音乐播放器：让你多做两次肩部训练

训练时带一个音乐播放器，会让健身变得有趣而高效。健身毕竟是具有挑战性的运动，动作的单调、连续大负荷运动的痛苦和艰辛，都在考验健身者的毅力和耐力。如果用音乐的节奏匹配运动频率、心跳频率，健身就会变得轻松而愉快，音乐的节奏和风格会让健身者享受运动，刺激其运动的兴奋点。

使用时机：从换衣服时就开始让音乐伴随播放；训练时选择节奏合适的音乐；为了防止别人与你聊天或打扰你训练，也可以戴上耳机，表示你要专心训练了。

护膝：保护关节，帮助完成深蹲

护膝是具有弹性的防护装备，在深蹲动作中，护膝的弹力能减少关节压力，并且能提升深蹲动作的负重。

使用时机：护膝在进行大负重训练时是十分必要的装备。护膝的弹性使训练者在深蹲时，有更多的弹力支持。佩戴护膝进行负重训练，你会发现负重比不佩戴护膝时要大一些，并且在深蹲动作的上半程，腿部肌肉更有活性。

负重握力带：增加肌肉活力

负重握力带是在健身中帮助增加握力的带子，常见材料为棉，质地厚、略带弹性、耐磨。在进行各种拉力训练时，握力带可以帮训练者增加握力、增加训练的次数，使肌肉训练效果更理想。

认识常用的健身器械

引体向上辅助器

① 手握把
② 海绵靠垫
③ 防滑踏板

主要锻炼部位 ▷
背部、上肢

次要锻炼部位 ▷
胸部

罗马椅

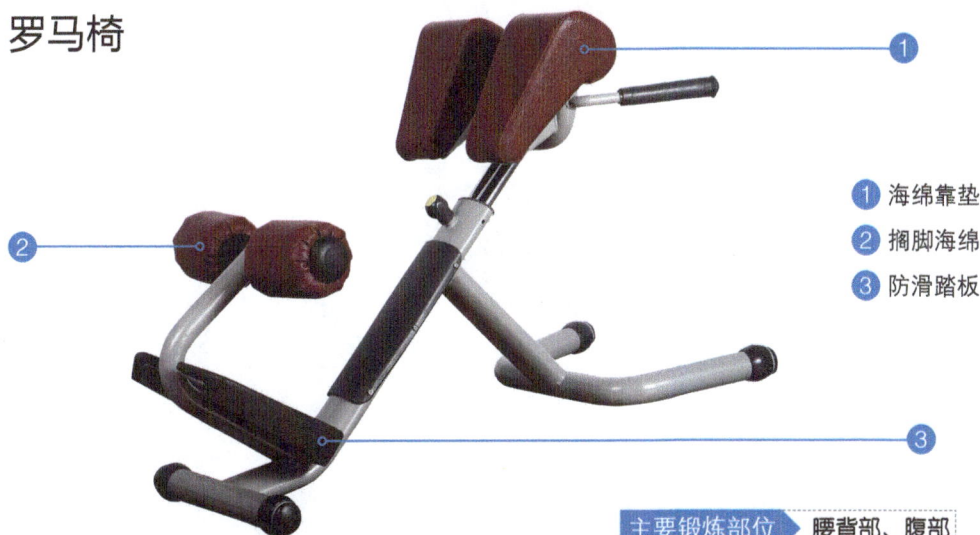

① 海绵靠垫
② 搁脚海绵
③ 防滑踏板

主要锻炼部位 ▷ 腰背部、腹部

次要锻炼部位 ▷ 臀部、大腿后侧

俯卧屈腿训练机

锻炼部位 > 大腿后侧

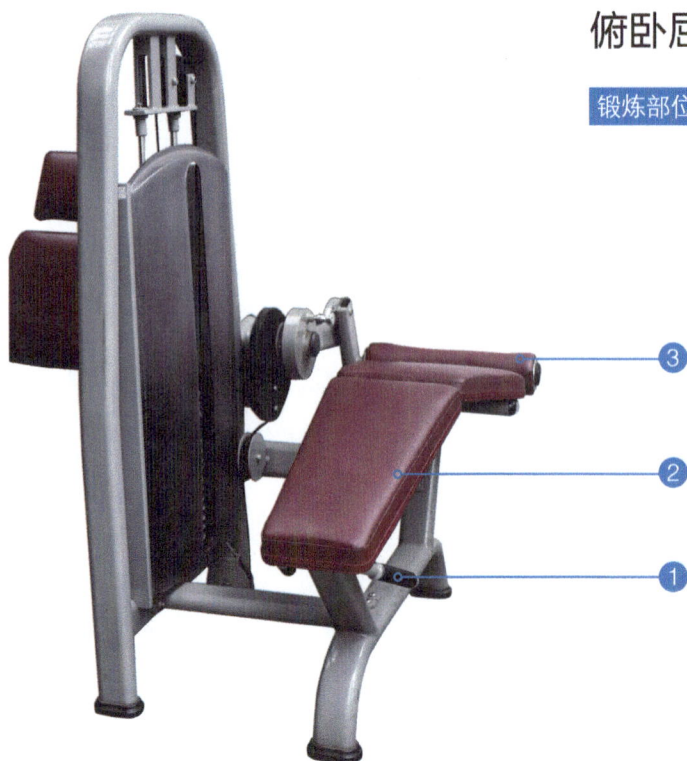

1 手握把
2 海绵靠垫
3 勾脚海绵

蝴蝶机

锻炼部位 >
胸部

次要锻炼部位 >
肩部

1 手握把
2 搁臂海绵
3 海绵靠垫
4 防滑踏板

坐姿划船训练机

主要锻炼部位

背部、肩部

次要锻炼部位

上肢

1 手握把
2 海绵靠垫
3 海绵坐垫
4 调节把手

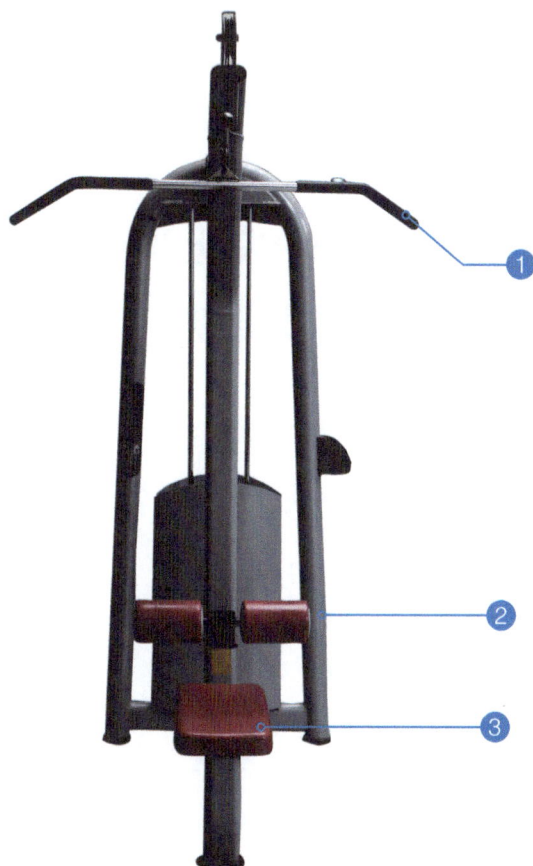

高拉背训练器

主要锻炼部位

背部

次要锻炼部位

上肢

1 手握把
2 压腿海绵
3 海绵坐垫

史密斯机

臀腿、背部

上肢

1 杠铃片

史密斯上斜卧推机

胸部

上肢

1 杠铃与杠铃片
2 防滑哑铃杆
3 海绵靠垫

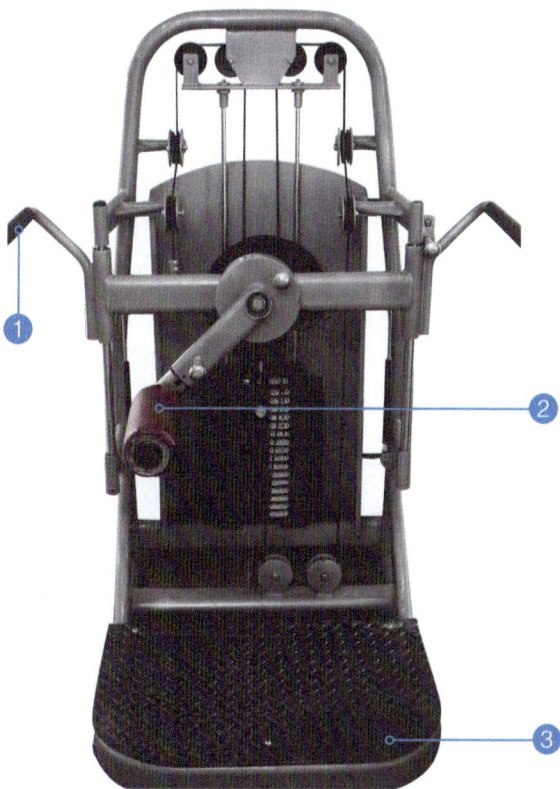

髋臀部训练机

主要锻炼部位 ▸

臀部、大腿内侧、大腿前侧

次要锻炼部位 ▸

大腿后侧

1 手握把
2 靠腿海绵
3 防滑踏板

扩胸夹胸训练机

主要锻炼部位 ▸

胸部

次要锻炼部位 ▸

肩部

1 手握把
2 海绵靠垫
3 海绵坐垫

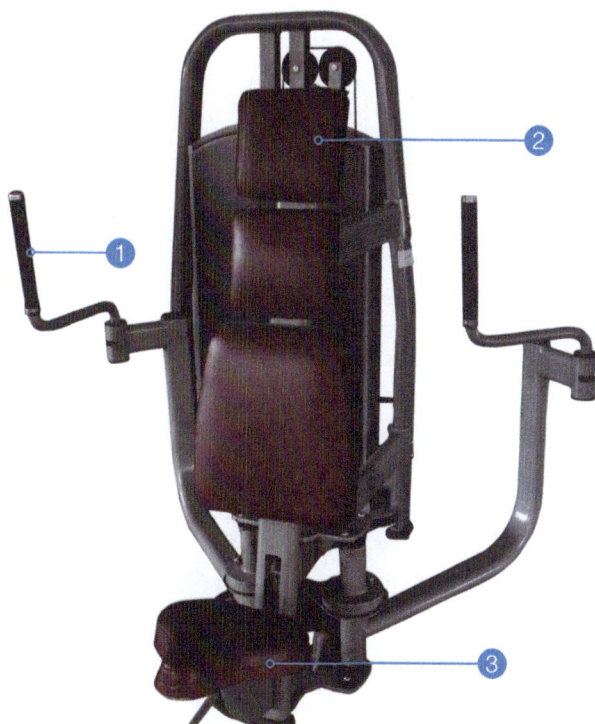

低拉训练器

主要锻炼部位 ▶ 背部

次要锻炼部位 ▶ 上肢、肩部

① 手握把
② 防滑踏板
③ 海绵坐垫

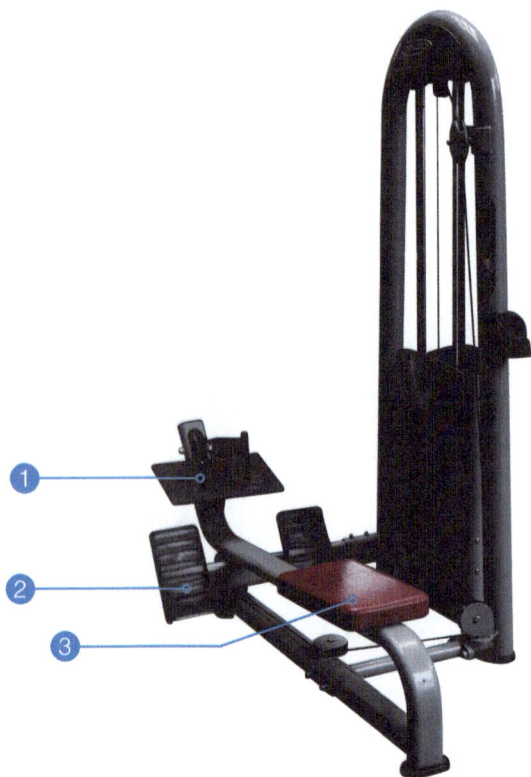

肩部推举器

主要锻炼部位 ▶

肩部

次要锻炼部位 ▶

上肢

① 海绵靠垫
② 手握把
③ 海绵坐垫
④ 防滑踏板

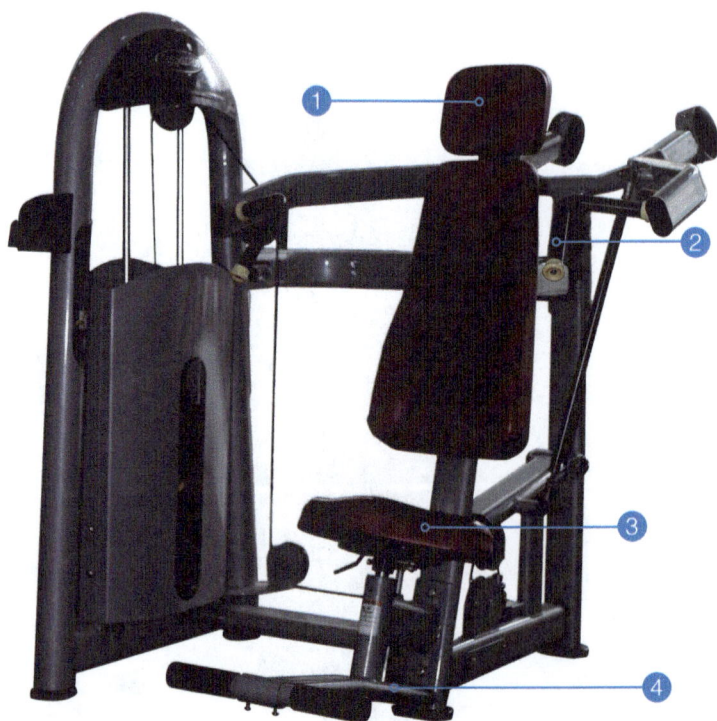

腿部推蹬训练机

主要锻炼部位▶

臀部、大腿

次要锻炼部位▶

小腿

1 防滑踏板
2 海绵坐垫
3 海绵靠垫

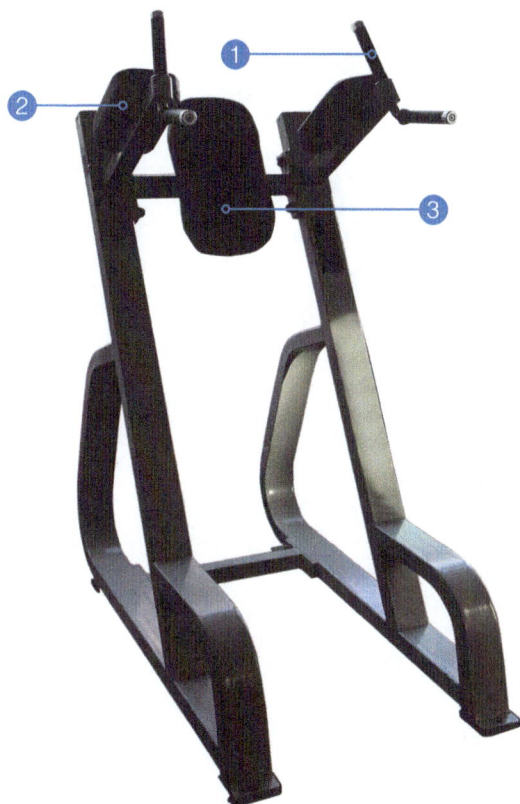

悬垂器

主要锻炼部位▶

腹部

次要锻炼部位▶

大腿前侧

1 手握把
2 手臂靠垫
3 海绵靠垫

腿部伸展训练机

大腿前侧

1 海绵靠垫
2 手握把
3 压腿海绵

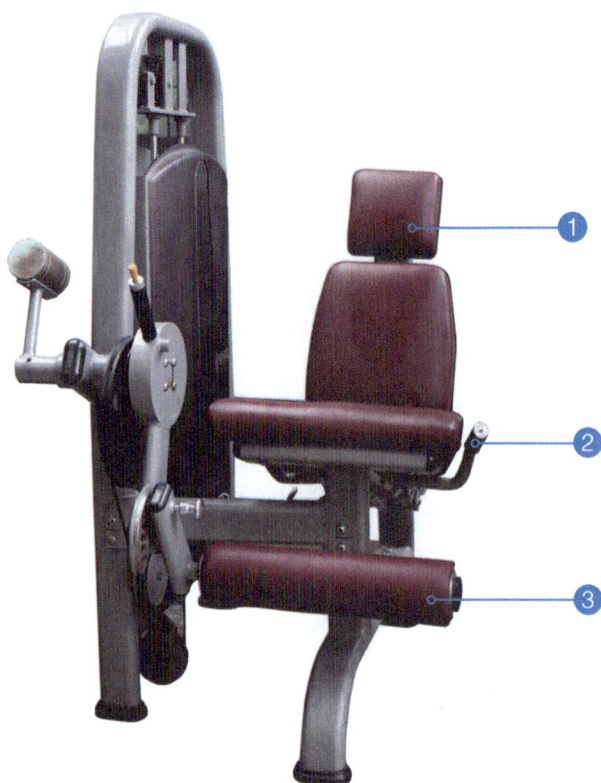

坐式推胸训练机

主要锻炼部位

胸部

次要锻炼部位

上肢、肩部

1 手握把
2 推拉杠
3 海绵靠垫
4 调节把手

坐姿平推机

主要锻炼部位

胸部

次要锻炼部位

上肢、肩部

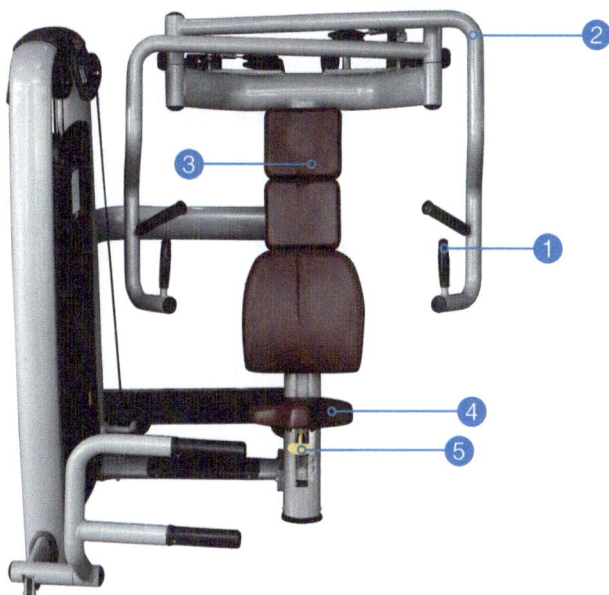

1 手握把
2 推拉杠
3 海绵靠垫
4 海绵坐垫
5 调节把手

坐姿下拉训练机

主要锻炼部位 背部

次要锻炼部位 上肢

1 手握把
2 海绵护腿
3 海绵坐垫
4 调节把手

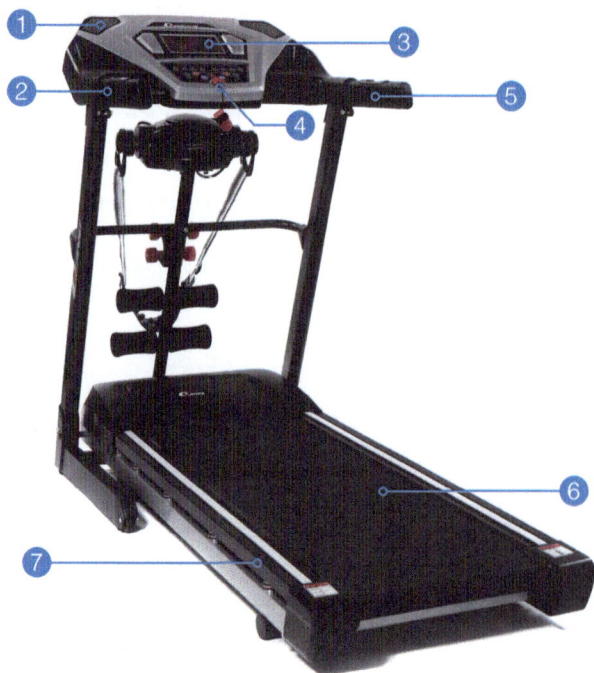

跑步机

主要锻炼部位

臀部、下肢

① 小音箱　　⑤ 右扶手
② 左扶手　　⑥ 防滑跑带
③ 触摸屏　　⑦ 减震系统
④ 安全锁

立式自行车

主要锻炼部位

下肢

次要锻炼部位

臀部

① 清晰表盘
② 减震坐垫
③ 实心车轮

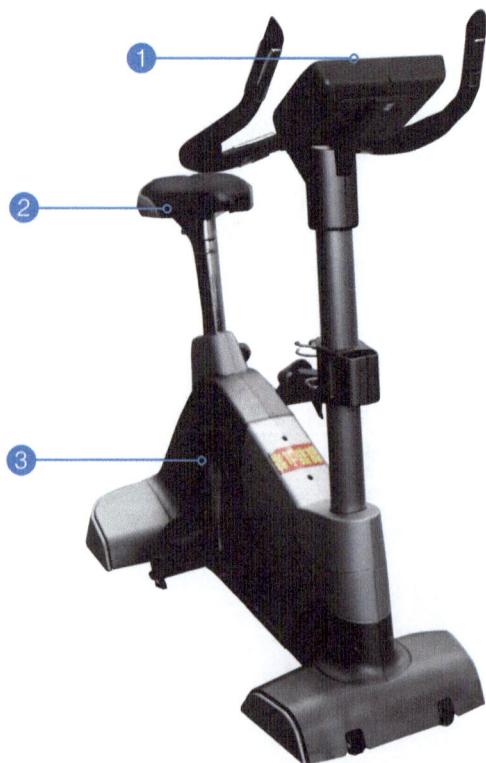

自由重量器械

杠铃

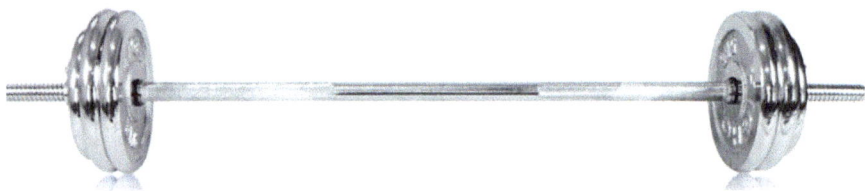

杠铃既是举重器材，又是健身器材，广泛应用于健身领域的重量训练、增肌训练。利用杠铃进行训练，可以锻炼身体多处肌肉，如上半身的肩部、臂部、背部、胸部等部位的肌肉。

标准的杠铃由3部分组成：杠铃片、杠铃杆以及卡箍。除了杠铃杆与卡箍的重量是既定的之外，杠铃片有0.5千克、1千克、1.5千克、2千克、2.5千克、5千克、10千克、15千克、20千克、25千克等不同的重量级别。训练者可根据自身的负重需求，选择合适的杠铃片进行搭配。另外不同重量的杠铃片，用不同的颜色来表示，方便训练者进行选择。除了用杠铃健身外，单独的杠铃杆和杠铃片也可以用来健身。杠铃杆重量轻，健身的受众范围广，无论是男性还是女性，从青少年到青壮年都可以使用，主要用于上肢及背部健身。杠铃片也可单独用来练习，将其上举至头顶，反复推举，是锻炼上肢的好办法。

杠铃健身对身体有多种好处，除了提升肌肉力量与耐力外，还可以减脂，塑造健美的身材。通过负重训练，骨密度可以得到改善，能有效预防骨质疏松。杠铃训练还能提升人体各器官功能，最终提升人体免疫力，让内分泌也得到改善。

哑铃

哑铃是一种重要的健身器材，主要用于肌肉训练。哑铃有轻型的，也有重型的，轻型哑铃有6磅、8磅、12磅、16磅等重量级别（1磅=0.454千克），重型哑铃有10千克、15千克、30千克等重量级别。

哑铃通常是由生铁铸成，中间为实心的铁棒，两边是实心的负重体。有的哑铃是固定重量的，铁棒与负重体是一体的，有的哑铃可以调节重量，负重体由重量不同的铁片铸成，练习者根据自己的需求选择合适的负重体进行组装。

哑铃训练属于抗阻负重训练，有助于锻炼上肢肌肉。但是哑铃的训练方式多种多样，在不同场合下使用，可以锻炼身体不同部位的肌肉。如单独的臂弯举锻炼上肢肌肉；如果双手握单铃，放在胸前位置做仰卧起坐，可以锻炼腹肌；用哑铃做转体运动，可以训练核心区域肌肉；侧平举、前平举的动作，可以训练肩部、胸部肌肉等。哑铃训练可以增加肌肉力量，提升肌肉的协调性。

练习哑铃有以下注意事项。

1. 根据自身条件，选取合适自己的哑铃。如果哑铃太重，会拉伤肌肉，太轻又没有训练效果。

2. 用哑铃做增肌训练时，选择自身最大负荷的65%~80%的哑铃进行练习。比如某人单次最多能举起10千克重的哑铃，在练习时，可选择6.5~8千克重的哑铃。每组练习6~12次，每次训练进行3~5组。组间隔为2~3分钟，每周进行3~5次训练。

3. 用哑铃做减脂训练时，负重选择与增肌训练相同，但练习量要更多一些。建议每组做12~15次，每次训练进行3~5组，每组之间的时间间隔为1~2分钟。每周进行3~5次训练。

壶铃

壶铃看起来都很相似，都有一个半圆形的把手和一个球形的壶身。但在使用功能和场合上是有区别的。一般来说，壶铃分为健身壶铃和竞技壶铃。健身壶铃是实心的，一般为生铁铸造。从体积大小上就能判断出健身壶铃的重量大小，个头大的壶铃重量也大。竞技壶铃多为钢制，个头都一样大，是中空的。根据填充物重量的不同，制作出不同重量的竞技壶铃，通过不同的颜色从外观上来区分。

壶铃运动属于负重运动，经常用壶铃训练，对体力、耐力和爆发力都有提升作用。壶铃运动对身体各部位都能进行训练。壶铃在运动模式上较为自由，它有多种动作类型，比如甩摆、推举、深蹲等，浅层、深层的肌肉都参与其中，单独的大块肌肉和肌肉群也都有效配合，肌肉在变得强壮的同时，也会变得更"聪明"。

如何利用器械来健身

chapter 03

热身做起来

在进行器械健身之前，我们需要充分地预热身体，活动开筋骨关节为器械健身做准备。

为什么要热身，有什么益处

让韧带紧张起来

处于静态的、非运动状态中的人体，韧带是松弛的。在开始健身时，要保证韧带有韧性，才能避免拉伤等运动损伤。通过简单热身，韧带开始进入运动状态，能保持一定的韧性。

让肌肉充满能量

肌肉做功需要氧与葡萄糖这些养料。人体在非运动状态与运动状态下，对氧与葡萄糖的需求是不同的，后者需要充分的养料来燃烧脂肪，提供能量。健身前进行热身，可以使心跳加快、供氧增多，同时体温升高也可以增加肌肉的弹性，为健身做好准备工作。

让关节得到润滑

各种运动还依赖于关节在正常范围内的活动。热身可以增加关节囊中的滑液，润滑关节。关节之间越润滑，关节活动时的摩擦就越少，动作越灵活，使健身顺利进行。

让神经系统兴奋起来

随着热身运动的进行，人体的体温升高，整个神经中枢随着体温的升高活跃起来，神经系统活动更加敏感，神经元对各种信号的传输速度也就越快。人体处于兴奋状态，在做各种动作时也更加协调。

让代谢系统活动起来

我们体内新陈代谢系统的主要作用是向全身输送养分，并将全身的代谢物排出体外。热身运动使体内血管扩张，运输氧的能力增强，排出代谢物的速度也加快，这样可以使身体各部位得到更多的养分，并排出更多的代谢物，创造良好的身体环境。

手腕运动

身体平直站立，双脚之间保持与肩宽相同的距离。双臂向前，并屈肘，双手向肩部靠近，保持握拳，左手手腕顺时针转动，右手手腕逆时针转动10次后，双手变换方向转动10次。

脚腕运动

主要锻炼部位 ▷ 脚腕

锻炼次数 ▷ 双脚各10~12次/组

身体平直站立，双手放在腰部。动作开始时，右脚尖点地，脚跟随着抬起，然后再放下。然后右脚放下，换左脚重复右脚的动作。

胸、肩、背运动

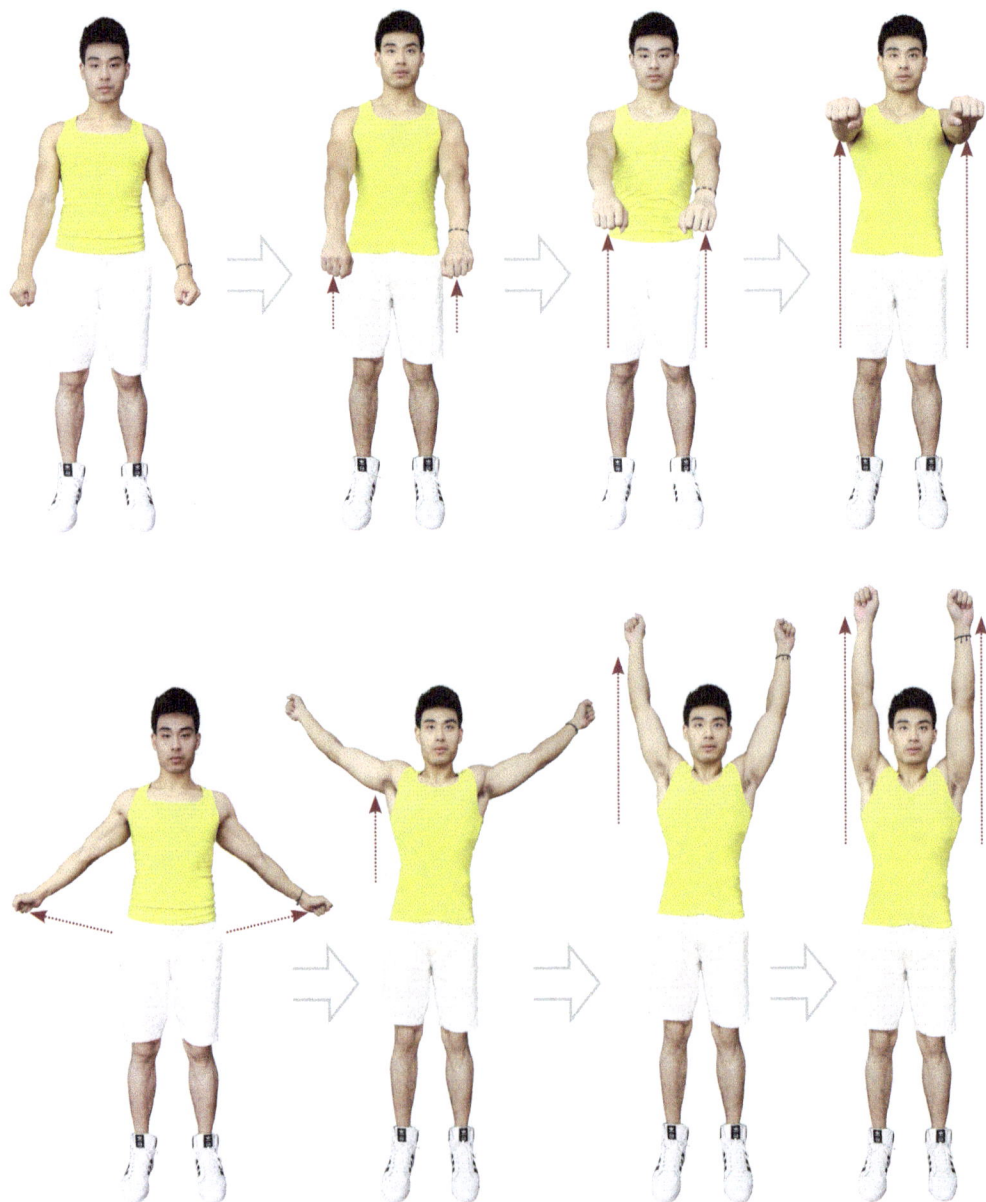

身体平直站立，双脚之间保持与肩宽相同的距离，双手放于体侧，握拳，然后收腹，双臂从前向后环绕10~12次，然后再反方向从后向前环绕10~12次。

身体平直站立，左臂向前伸，手部保持握拳状态，拳心朝上。右手在左臂下方，握左臂肘关节。屈肘至90°，然后伸直。左右各重复10~12次。

胸背运动

主要锻炼部位 ▷ 胸部、背部

锻炼次数 ▷ 左右各10~12次/组

在柱子左侧站立，右臂弯曲，右手扶柱子。然后呼气，呈前弓步姿势，保持右臂固定，向前压臂。前压过程中，身体姿势保持不变30秒。

弹跳运动

主要锻炼部位

大腿

锻炼次数

10~12次/组

持直立站姿，双拳轻握。然后双膝微屈，借助双臂向上摆动的力量，带动身体向上做弹跳运动。每组向上弹跳10~12次。

颈、肩运动

| **主要锻炼部位** | 颈部、肩部 | **锻炼次数** | 10~12次/组 |

身体平直站立，双脚之间保持与肩宽相同的距离。两臂侧平举，左掌心向上，右掌心向下，面向前方。然后向右转头，双手手心翻转，右掌心向上，左掌心向下。然后头部向左扭，左掌心向上，右掌心向下。重复上述动作进行热身。

腰、腹运动

身体平直站立，双脚之间保持与肩宽相同的距离。双臂自然下垂。然后腰部向左下方弯曲，开始逆时针
转动腰部，双臂跟随腰部转动，向上逆时针画圈。逆时针旋转一周后，再顺时针旋转一周。重复动作。

全身各部位的经典器械练习

　　器械健身的显著优点就是可以塑造有型的肌肉群，打造完美身形。同时，器械健身也能提升身体素质，打造健康体魄。

胸部——人人都想要的胸型，这样练出来

扫码观看动作视频

胸部器械练习

　　胸部器械练习是胸部肌肉练习的利器。胸部器械练习，为胸部肌肉施加负重，使胸部肌肉在抗阻练习中产生轻微撕裂，在后期恢复中肌纤维增粗，最终塑造出大块胸肌。

额外的好处

　　定期训练胸部，除了锻炼胸部肌肉外，还可以锻炼上肢肌肉，塑造出有力的手臂。

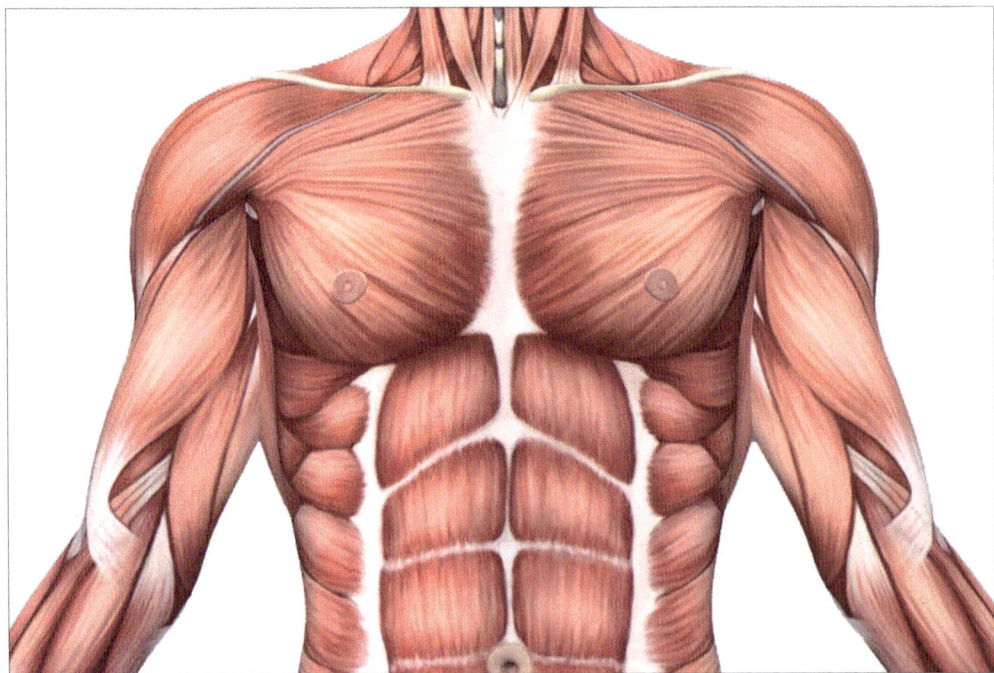

蝴蝶机夹胸

肌肉图展示

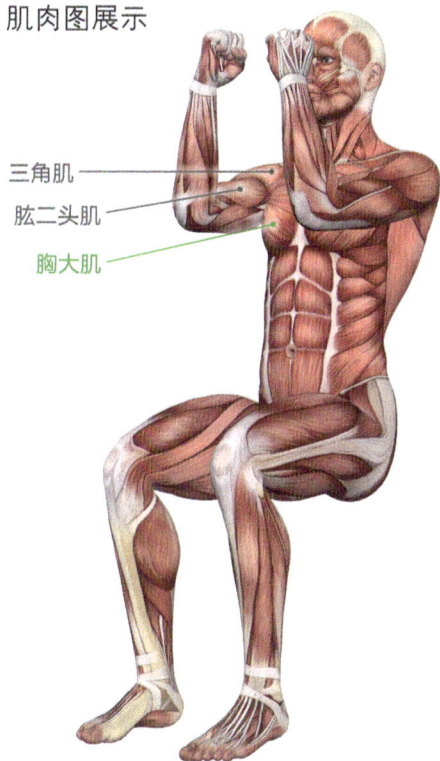

三角肌
肱二头肌
胸大肌

解析注释

- 绿色字体为主要锻炼的肌肉
- 灰色字体为次要锻炼的肌肉

锻炼的好处

增强胸部的力量，辅练肩部及手臂。

训练方法

3~5组，8~15次/组。

教练提示

肘关节保持向后向外，而不是向上。

训练难度 ★★
锻炼效果 ★★
肌肉群范围 ★★★

step **1**▶

step1 正坐在蝴蝶机凳上，上身坐直，背靠海绵靠垫，调整好蝴蝶机的高度。双臂弯曲，双手放在蝴蝶机手握把上。半月板形的孔位处可调节动作幅度。

上身一定要保持挺直。

step2~3 胸部肌肉绷紧，慢慢用力回收双臂至胸部两侧停顿，再用力回收双臂至胸口并拢收紧。注意在每个阶段回收双臂时，都需要停顿2~3秒，使其锻炼到胸部肌肉。

step **3**▶

停顿
时间：2~3秒。

POINT

· 在运用蝴蝶机夹胸器械训练，双肘与挡板应相触，这样可以充分锻炼胸部肌肉。

step4 尽可能使胸大肌收缩，双臂发力使手肘尽量向内侧靠拢后慢慢打开，维持朝着胸前推动的感觉。

step 5 ▶

step5 按照同样的方法继续展开双臂，使胸部肌肉收缩至原始位置，注意最后一次回归原始位置一定要慢慢展开双肘，才能更好地锻炼到胸部肌肉，切忌过快展开双肘，防止拉伤胸部。

02 平板卧推（斜上）

肌肉图展示

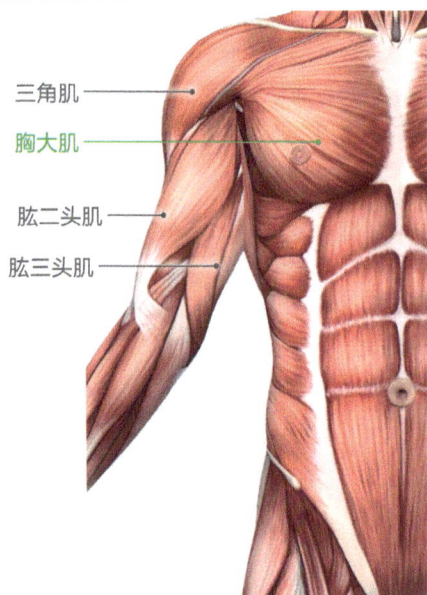

三角肌
胸大肌
肱二头肌
肱三头肌

解析注释

● 绿色字体为主要锻炼的肌肉
● 灰色字体为次要锻炼的肌肉

锻炼的好处
增强胸部的力量，辅练肩部及手臂。

训练方法
3~4组，10~12次/组。

教练提示
杠铃下放至锁骨处。运动顶峰时，肘部关节不要锁死。

训练难度 ★★★
锻炼效果 ★★★★
肌肉群范围 ★★★

step **2** ▼

step **1** ▼

step1 首先调整史密斯机长凳的位置为30度倾斜，然后躺于史密斯机海绵靠垫上。双手之间距离比肩再宽一些，握紧杠铃杆。此时将杠铃杆静放于胸前，身体放松，做好准备动作。

step2 从双臂斜上30度左右角度上推，如果想提升动作难度，可以完成半程或2/3程，这样可以保持胸大肌持续用力。注意肘部关节不要锁死。

step 3 ▶

step3~4 当杠铃推起至两臂接近伸直（仍有一定小角度）后停顿一下，此时胸大肌处于"顶峰收缩"状态，在这个阶段稍加停顿，会使训练效果更好。然后控制好肌肉力量，缓慢还原。重复练习。

停顿
时间：2~3秒。

step 4 ▶

注意控制好手臂的力量，肘部向下。

step 5 ▶

在放下的时候要注意速度不能过快，感受肌肉的发力。

step5~6 保持卧推动作，慢慢回落至胸前，回落时杠铃杆落在胸部相应位置不变。此动作由于采用比肩稍宽的握距，胸大肌伸展距离大，并能彻底收缩，胸部锻炼效果较好。

step 6 ▶

03 平板卧推（水平）

肌肉图展示

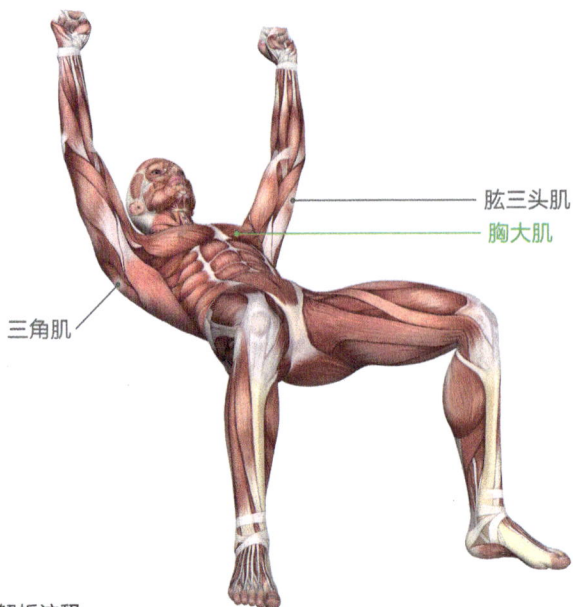

肱三头肌
胸大肌

三角肌

解析注释

• 绿色字体为主要锻炼的肌肉
• 灰色字体为次要锻炼的肌肉

锻炼的好处
增强胸部的力量，辅练肩部及手臂。

训练方法
3~4组，10~12次/组。

教练提示
杠铃下放至胸部上方约3厘米的位置，运动至顶峰时，肘关节不要锁死。

训练难度 ★★★
锻炼效果 ★★★
肌肉群范围 ★★

---

step **1** ▶

POINT

• 背部、臀部要平贴海绵靠垫，不要拱起或憋气，否则控制不了肌肉，会很危险。

step1 首先水平放置史密斯机长凳，调整好长凳的位置和角度后平躺于海绵靠垫上，双手之间的距离大于肩部宽度，握住杠铃杆放置于胸前，呈卧推准备动作。

step **2** ▶

step2~3 开始缓慢将杠铃上推，直至双臂接近伸直（仍有一定小角度），胸大肌达到"顶峰收缩"状态。在这个状态停顿2~3秒，强化锻炼效果。停顿时要控制好手臂肌肉的力量。

停顿
时间：2~3秒。

step **3** ▶

step **4** ▶

step4~5 接着双臂弯曲慢慢下落至起始位置，保证杠铃杆落在胸部相应位置，动作要慢，使胸大肌充分伸展和彻底收缩。重复动作。

step **5** ▶

04 平板卧推（斜下）

肌肉图展示

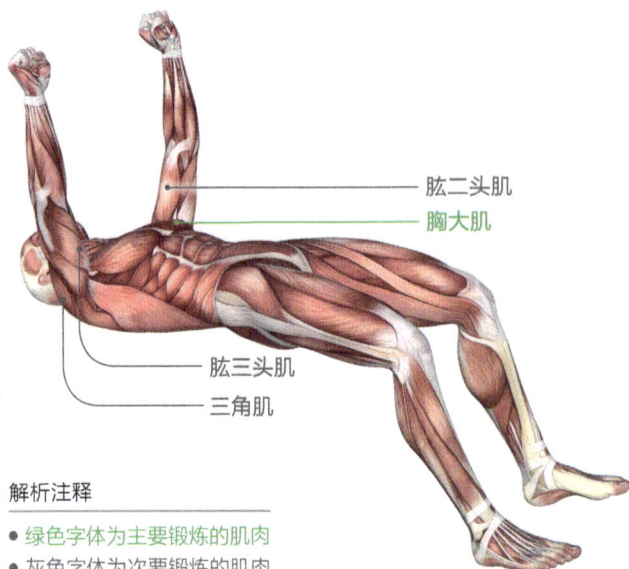

肱二头肌
胸大肌
肱三头肌
三角肌

解析注释

- 绿色字体为主要锻炼的肌肉
- 灰色字体为次要锻炼的肌肉

锻炼的好处

增强胸部的力量，辅练肩部及手臂。

训练方法

3~4组，10~12次/组。

教练提示

臀部和腰部不要抬离海绵靠垫，握距比肩宽，太窄则会侧重于锻炼肱三头肌。

训练难度 ★★★
锻炼效果 ★★★
肌肉群范围 ★★★

step **1** ▶

勾脚要安全牢固后，再开始。

step1 首先调整好史密斯机长凳位置和角度，斜下卧推一般角度为斜下20度左右。背部和臀部紧贴海绵靠垫。双手之间距离比肩再宽一些，握紧杠铃杆。此时胸部肌肉是伸展开的。

step 2 ▶

step2 然后做卧推动作，杠铃杆的垂直投影位置保持在最下方肋骨位置，而不是胸大肌中部。如果投落在胸大肌中部的话，肩关节会很容易受伤。

step 3 ▶

停顿
时间：2~3秒。

step 4 ▶

step3~4 继续上推杠铃，直至两臂接近伸直。注意肘部保持一定的角度，并在胸大肌充分收缩时短暂停顿。然后控制肌肉力量，缓慢还原，并重复锻炼。

05 史密斯机上斜卧推

肌肉图展示

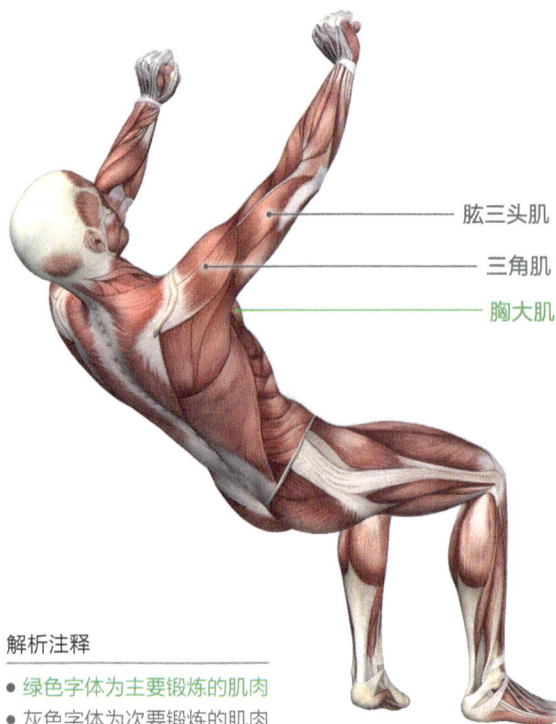

- 肱三头肌
- 三角肌
- 胸大肌

解析注释

- 绿色字体为主要锻炼的肌肉
- 灰色字体为次要锻炼的肌肉

锻炼的好处

增强胸部的力量，辅练手臂及肩部。

训练方法

3~4组，10~12次/组。

教练提示

不要锁紧肘部关节，海绵靠垫上斜角度不要超过30度。

训练难度 ★★
锻炼效果 ★★
肌肉群范围 ★★★

step **1** ▶

step1 面朝上，躺在海绵靠垫上，海绵靠垫上斜的角度不要超过30度。双手握住杠铃杆，双手之间距离比肩部要宽一点，双脚自然平放，背部与臀部紧贴海绵靠垫。

step **2** ▶

step2~3 开始缓慢将杠铃上推，直至双臂接近伸直（仍有一定小角度），胸大肌达到"顶峰收缩"状态。在这个状态停顿2~3秒。

在做此项动作时如果撑不住不要硬撑，避免受伤。

step **3** ▶

step **4** ▼

初学者应在教练的陪同下进行练习。

step4 下放杠铃。下放过程中要控制肌肉力量，并尽量使杠铃贴近胸部。重复动作。

06 史密斯机卧推

肌肉图展示

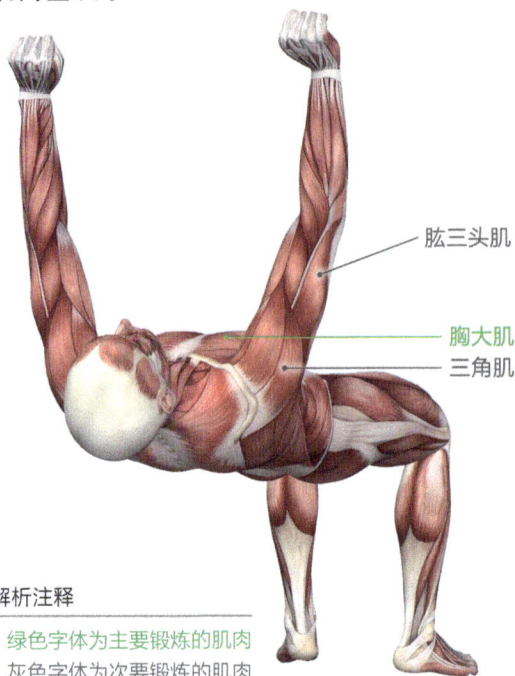

肱三头肌

胸大肌

三角肌

解析注释

● 绿色字体为主要锻炼的肌肉
● 灰色字体为次要锻炼的肌肉

锻炼的好处
增强胸部的力量，辅练手臂及肩部。

训练方法
3~4组，10~12次/组。

教练提示
卧推过程中，上推时为了增加难度，手臂不用完全伸直，一方面能保证胸大肌持续紧张，另一方面可避免肘部关节锁死。

训练难度 ★★
锻炼效果 ★★
肌肉群范围 ★★

step **1**▶

step1 调整好史密斯机凳子的位置和角度，确保杠铃向下垂直投影在健身者的胸部位置。双手之间距离，比肩再宽一些，握紧杠铃杆。此时胸部肌肉是伸展开的。

握距需要比肩宽。

step 2 ▼

step2 向上推举杠铃，有时为了增加难度，可推举到半程或者2/3程，手臂不用完全伸直，更不能锁死，以保护肘关节。

停顿
时间：2~3秒。

step 3 ▶

step3 继续推动杠铃至两臂接近伸直，稍微停顿2~3秒，注意控制好肌肉力量，不要突然发力让杠铃从胸部向上弹起。

step 4 ▼

step4 稍微停顿，然后下放杠铃。下放过程中要控制肌肉力量，并尽量使杠铃贴近胸部。重复动作。

07 拉力器飞鸟

肌肉图展示

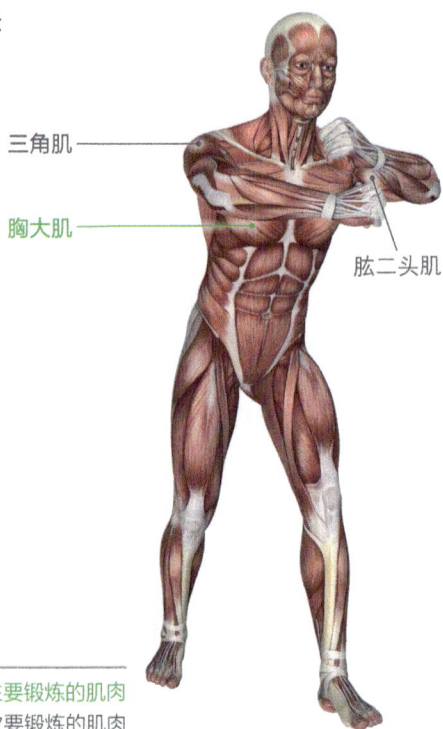

三角肌

胸大肌

肱二头肌

解析注释

● 绿色字体为主要锻炼的肌肉
● 灰色字体为次要锻炼的肌肉

锻炼的好处
增强胸部的力量，辅练肩部及手臂。

训练方法
3~4组，10~12次/组。

教练提示
运动开始和结束时，要避免双臂后展幅度过大，从而造成肩袖损伤。

训练难度 ★★
锻炼效果 ★★
肌肉群范围 ★★

step2 双脚一前一后，前面的膝盖微屈，身体稍微向前倾。双臂呈环抱姿势前拉。

step 1 ▶

step1 站立在拉力器之间，双手握住手柄，然后向前走一步，与拉力器之间保持约33厘米的距离。

step 2 ▶

手臂前拉。

step **3** ▶

停顿
时间：2~3秒。

step **4** ▶

step3 手臂向前、向下用力，直至双臂在胸前交叉，然后保持动作，停顿2~3秒，向内用力挤压胸大肌。

step4 然后控制肌肉力量，双臂向后慢慢恢复到起始位置。

step **5** ▶

step **6** ▶

step5~6 重复动作。注意拉动过程中，多用胸大肌的力量，并且身形要保持稳定，膝盖保持微屈。

08 站姿双臂侧下拉夹胸

肌肉图展示

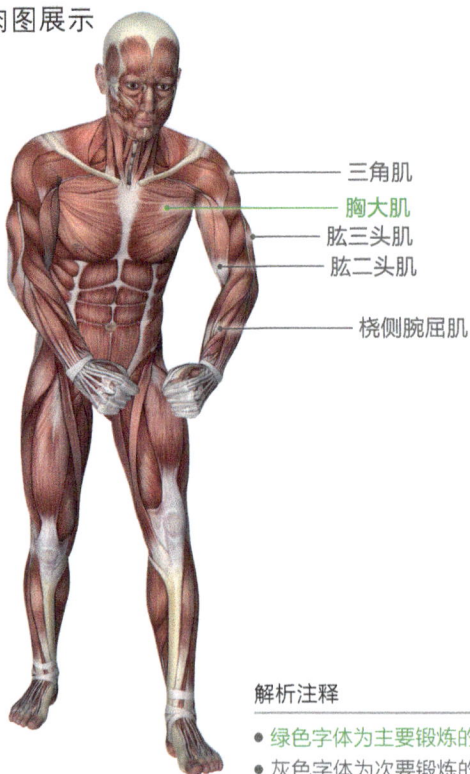

三角肌
胸大肌
肱三头肌
肱二头肌

桡侧腕屈肌

解析注释
- 绿色字体为主要锻炼的肌肉
- 灰色字体为次要锻炼的肌肉

锻炼的好处
增强手臂的力量，辅练胸部。

训练方法
3~4组，10~12次/组。

教练提示
运动过程中双臂要均衡用力，切忌猛然拉动或快速还原。

训练难度 ★★
锻炼效果 ★★
肌肉群范围 ★★★★

切忌猛拉或快速还原，否则容易对肌肉造成伤害。

step **1**▶

step1 于拉力器中间站立，双手握住手柄，臀部和膝盖位置都保持微屈，手臂也微屈，身体重心与拉力器之间的夹角为30度~45度，最好是45度。

step 2 ▶

step 3 ▶

停顿
时间：2~3秒。

step2~3 上身稍稍前倾，两臂自上而下顺着斜45度角方向用力拉，直至双手下拉至腰前位置，手肘固定，并停顿2~3秒。

step 4 ▶

step 5 ▶

step4~5 然后开始进行还原动作，注意返回时双臂用力均衡，匀速还原，避免突然性还原。

09 坐姿飞鸟

肌肉图展示

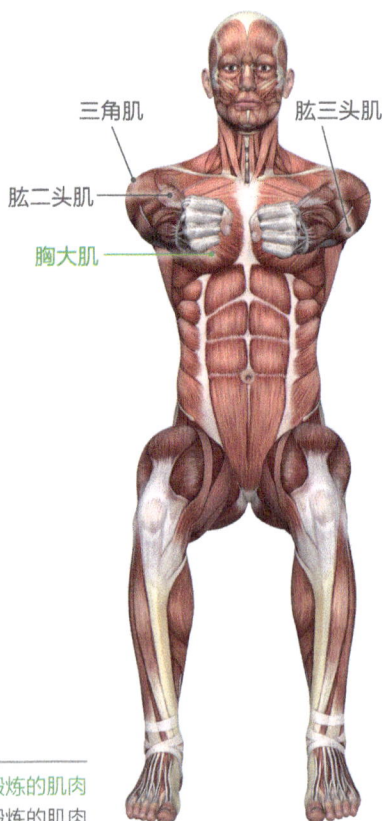

三角肌

肱三头肌

肱二头肌

胸大肌

解析注释

- 绿色字体为主要锻炼的肌肉
- 灰色字体为次要锻炼的肌肉

锻炼的好处

增强胸部的力量，辅练手臂。

训练方法

4~6组，12~16次/组。

教练提示

动作过程中要避免身体摇摆，双臂后伸的幅度不要过大，否则会导致肩袖损伤。

训练难度 ★★
锻炼效果 ★★
肌肉群范围 ★★★

step1 保持身体挺直，坐在器械的海绵坐垫上。双脚之间保持与肩宽相同的距离，从头部到背部，都紧贴海绵靠垫。双手握好手握把，保持肘关节略微弯曲，收腹，双眼平视前方。

POINT

- 身体挺立，肩部下垂，肩胛骨保持收紧。

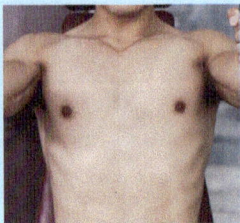

step **1** ▶

step 2 ▶

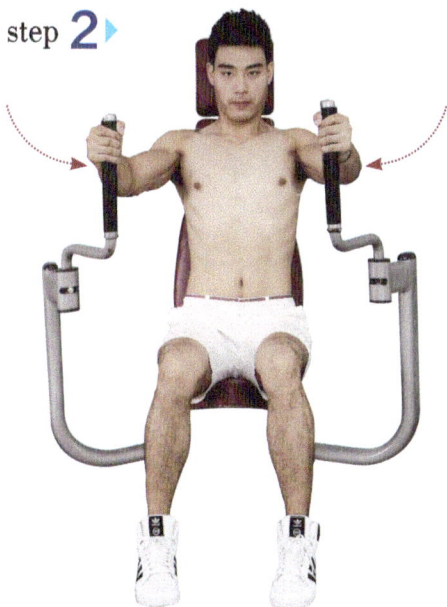

step 3 ▶

停顿
时间：2~3秒。

step2~3 然后双臂开始发力，将手握把从身体两侧向身体前方拉动，并夹紧，直至双手之间距离为1~2厘米，并短暂停顿。

step 4 ▶

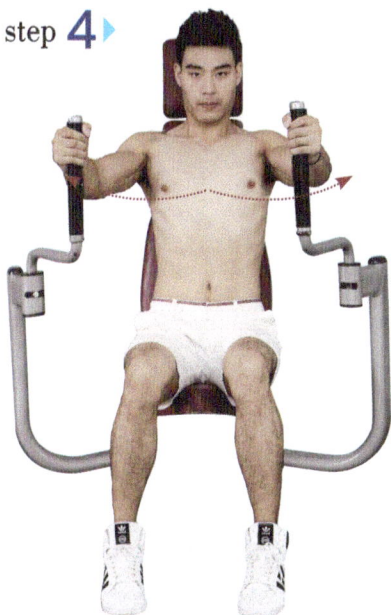

step 5 ▶

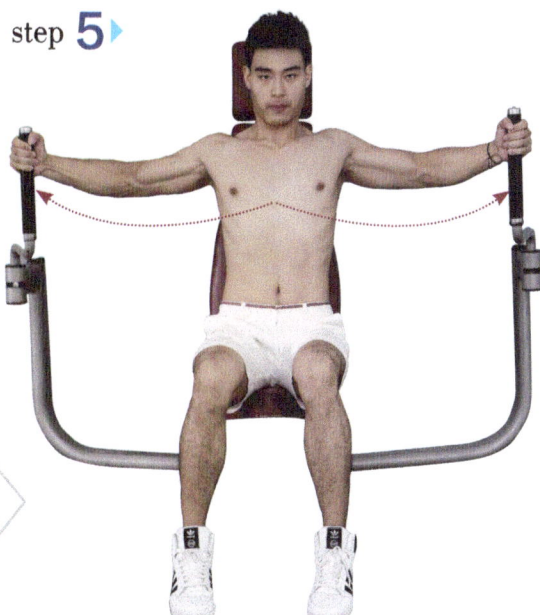

step4~5 接着开始还原，还原动作的时间保持在2秒左右，避免过快。然后重复动作。该动作可2天练习一次，每次4~6组，每组做12~16次。

10 坐姿平推1

肌肉图展示

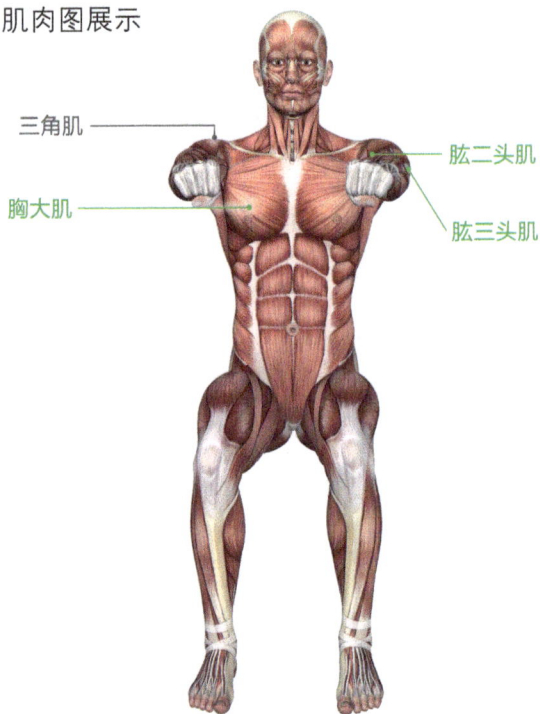

三角肌

肱二头肌

胸大肌

肱三头肌

解析注释

- 绿色字体为主要锻炼的肌肉
- 灰色字体为次要锻炼的肌肉

锻炼的好处

增强手臂及胸部的力量。

训练方法

3~4组，10~12次/组。

教练提示

向前平推时，避免肘关节锁死，否则容易造成关节损伤。

训练难度 ★★
锻炼效果 ★★
肌肉群范围 ★★

step **1**▶

step1 坐在坐姿平推器的海绵坐垫上，将座位调至合适的高度，保证手握把与胸部上方齐平。双手握手握把，双脚自然平放。肩部在整个过程中保持放松，这样可更好地锻炼胸部肌肉。

step2 手肘角度在90度左右，手肘与肩部保持齐平，然后开始向前推，推进速度要慢。

POINT

- 动作过程中，尽可能地向前推，使胸部肌肉获得充分刺激。

step **3** ▼

停顿
时间：2~3秒。

step3 手臂向前用力平推，推至胸部前方位置，手臂伸直，但肘关节不要锁死。在动作的顶点，停顿2~3秒。

step **4** ▼

step4 然后开始还原。还原时控制好肌肉力量，速度不能过快。直至还原至初始动作，然后重复动作。

肌肉图展示

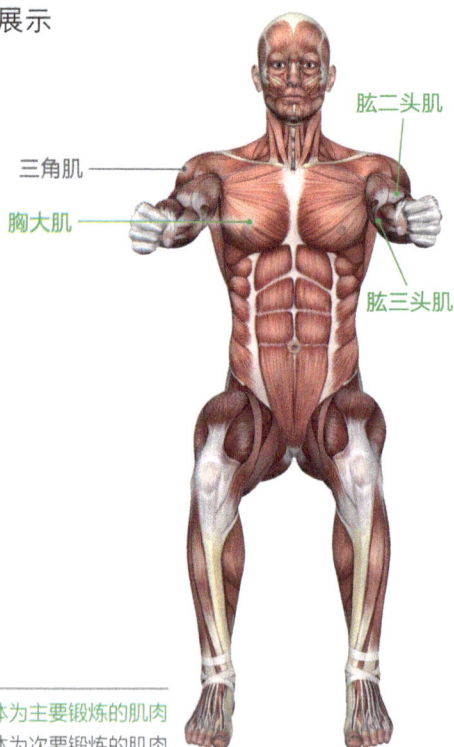

三角肌

胸大肌

肱二头肌

肱三头肌

解析注释

- 绿色字体为主要锻炼的肌肉
- 灰色字体为次要锻炼的肌肉

锻炼的好处

增强手臂及胸部的力量。

训练方法

3~4组，10~12次/组。

教练提示

肩部始终保持放松，避免肩部肌肉的参与，否则会影响手臂和胸部肌肉的锻炼效果。

训练难度 ★★
锻炼效果 ★★
肌肉群范围 ★★

step **1** ▼

step1 坐在坐姿平推机的海绵坐垫上，将座椅调节至适合自己的高度，以手握把位置与胸部齐平为宜。保持头部、背部和臀部紧贴海绵靠垫。双手握手握把，双脚平放，与肩同宽，腰部保持收紧。

POINT

- 推起的时候肘关节不要锁死，否则容易造成肘关节损伤。

step2 身体挺直，收腹，胸部挺起，双眼平视前方。双手握住手握把，胸部开始发力，将器械推起。

step 2 ▶

停顿

时间：2~3秒。

step 3 ▶

step 4 ▶

step3~4 推至与肩同宽之后，停顿2~3秒，然后逐渐还原。最终双臂的上臂位于同一竖平面。重复动作。注意在动作顶点时肘关节不要锁死，否则容易造成关节损伤。

12 坐姿平推3

肌肉图展示

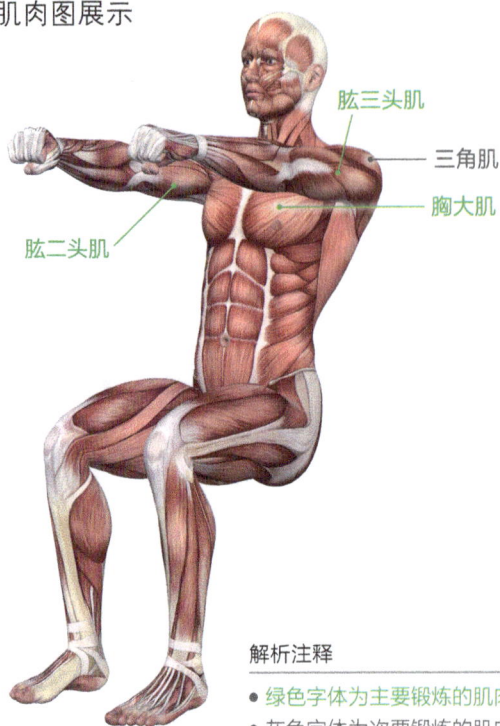

肱三头肌

三角肌

胸大肌

肱二头肌

解析注释
- 绿色字体为主要锻炼的肌肉
- 灰色字体为次要锻炼的肌肉

锻炼的好处
增强手臂及胸部的力量。

训练方法
3~4组，10~12次/组。

教练提示
肩部始终保持放松，避免肩部肌肉的
参与，否则会影响手臂和胸部肌肉的
锻炼效果。

训练难度 ★★
锻炼效果 ★★
肌肉群范围 ★★

step 1▶

step1 坐在器械的海绵坐垫上，将座椅调节至适合
自己的高度，以手握把位置与胸部齐平为宜。保持
头部、背部和臀部紧贴海绵靠垫。双手握手握把，
双脚平放，与肩同宽，腰部保持收紧。

step 2 ▶

step 3 ▶

停顿
时间：2~3秒。

step2~3 身体挺直，收腹，胸部挺起，双眼平视前方。双手握住手握把，胸部开始发力，将器械推起。在动作顶点停顿2~3秒。注意在动作顶点时肘关节不要锁死，以免造成关节损伤。

step 4 ▶

step 5 ▶

step4~5 在动作顶点稍微停顿之后，逐渐还原。最终双臂的上臂位于同一竖平面。重复动作。

肩部——好身材的助力，你不容忽视的细节打造

肩部器械练习

如果对肩部进行有效锻炼的话，厚实的肩部会让腰部显得更纤细有力。锻炼肩部的器械同时也能锻炼手臂肌肉，打造强有力的手臂。肩部不容易囤积脂肪，锻炼后的肩部，会显露出有力的肌肉线条，提升个人魅力。

肩部对于上半身其他部位的锻炼十分重要，手臂肌肉或背部肌肉练习都需要肩部参与其中。有力的肩部，是健身中的重要支持部位。

额外的好处

锻炼肩部，会使你收获很多的好处，大大提升身体的健康水平。长期在办公室工作的上班族，伏案工作时间长，肩部、背部、颈部都是病痛的多发区。对肩部进行锻炼，可以兼顾锻炼背部、颈部这些部位，使人们远离病痛，提升身体健康水平与生活质量。

结实的肩部对多项运动都起到促进与提升作用，比如手臂参与较多的运动，乒乓球、羽毛球等，有力的肩部可以提升动作的爆发力，使运动的技能水平发挥得更好。

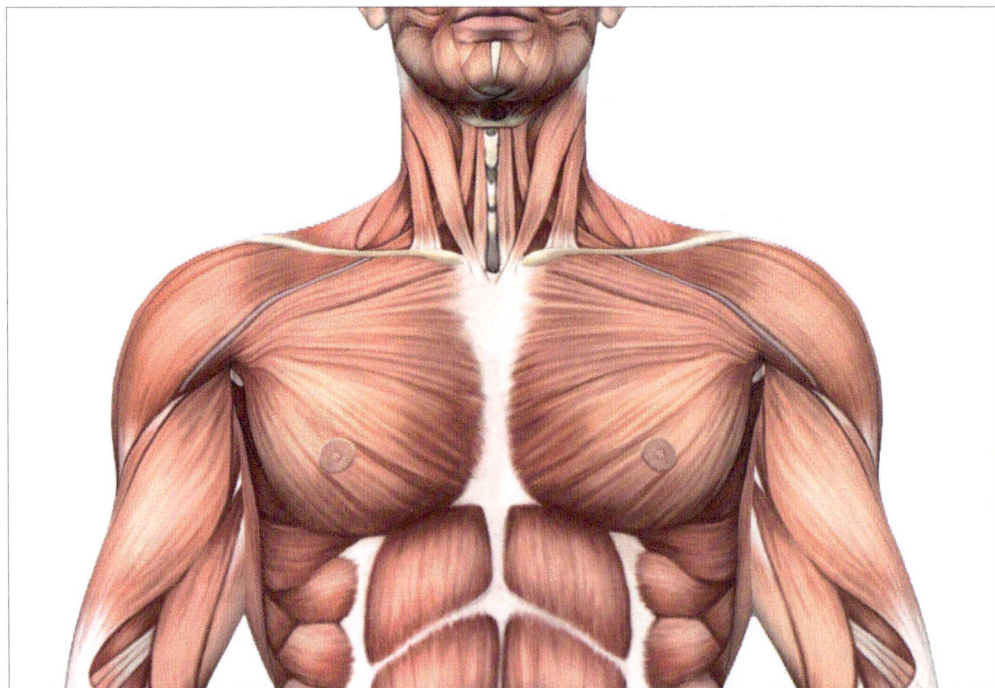

01 史密斯机负重提拉

肌肉图展示

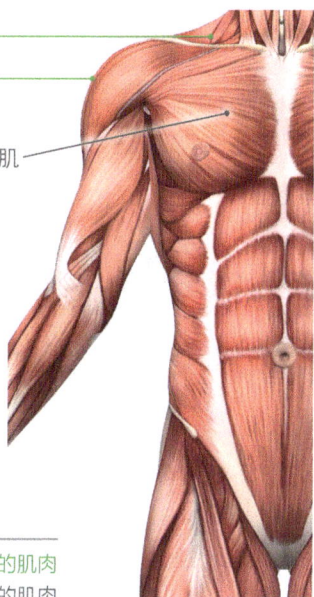

斜方肌
三角肌
胸大肌

解析注释

- 绿色字体为主要锻炼的肌肉
- 灰色字体为次要锻炼的肌肉

锻炼的好处

增强肩部的力量，辅练胸部及腿部。

训练方法

3~4组，10~12次/组。

教练提示

注意身体重心不能前移。同时避免屈膝、屈体。

训练难度 ★★
锻炼效果 ★★
肌肉群范围 ★★

step **1** ▶

step1 站于杠铃架前，双手手心向内抓握杠铃杆，保持身体直立，收腹挺胸。注意在提起脚跟时，小腿肌肉应有收缩感。

提起脚跟时，应感到小腿肌群充分收缩。

停顿
时间：2~3秒。

脚跟提至最高。

step2~4 双肘向上移动，向上提拉杠铃至最高处，同时尽量提踵。在最高点稍微停顿，然后缓慢放下。

step **5** ▶

还原时要抓紧以防脱手。

step **6** ▶

POINT

• 在进行还原这个动作的时候，需要提至一个高度后，再接着下放到下一个高度，不能直接松手。

step5~6 然后再缓慢下放杠铃，回到初始动作。提踵时要注意，脚尖向内的话，有助于锻炼腓肠肌内侧头，脚尖冲前的话，腓肠肌内外侧都可以得到锻炼。

肌肉图展示

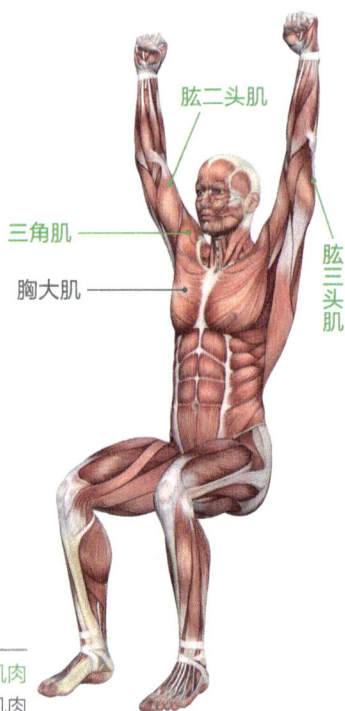

肱二头肌

三角肌

胸大肌

肱三头肌

解析注释

● 绿色字体为主要锻炼的肌肉
● 灰色字体为次要锻炼的肌肉

锻炼的好处

增强肩部及手臂的力量，辅练胸部。

训练方法

3~4组，10~12次/组。

教练提示

向上推举过头部时，注意不要耸肩。身体保持稳定。

训练难度 ★★
锻炼效果 ★★
肌肉群范围 ★★★

step1~2 端坐于器械的海绵坐垫上，调整好椅子高度，以手握把刚好在肩部稍稍靠上的高度为宜。双脚自然分开，头部与后背紧贴海绵靠垫，双手向上握住手握把，手心朝外，稍向上抬起手握把。

step **1** ▶

step **2** ▶

step **3**▶

step **4**▶

停顿
时间：2~3秒。

step3~4 然后双臂开始发力，向上推举，一直推举直至手臂伸直，但肩关节不要锁死。在动作顶点停顿2~3秒。

step **5**▶

step **6**▶

注意左右手臂
同时发力。

step5~6 接着开始进行还原动作，控制肌肉力量，使双臂逐渐下放还原至初始位置。重复动作。注意在做动作过程中不要耸肩。

肌肉图展示

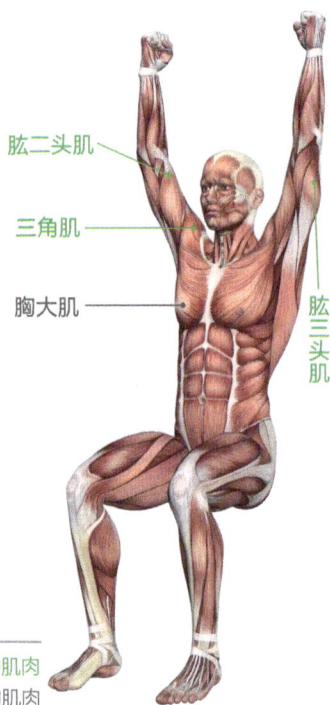

肱二头肌

三角肌

胸大肌

肱三头肌

解析注释

● 绿色字体为主要锻炼的肌肉
● 灰色字体为次要锻炼的肌肉

锻炼的好处

增强肩部及手臂的力量，辅练胸部。

训练方法

3~4组，18~20次/组。

教练提示

做这个动作时，双臂要均衡锻炼，同时发力。最好有个镜子作为参考。

训练难度 ★★
锻炼效果 ★★
肌肉群范围 ★★★

step1~2 端坐于器械的海绵坐垫上，调整好椅子高度，以手握把刚好在肩部稍稍靠上的高度为宜。双脚自然分开，头部与后背紧贴海绵靠垫，双手向上握住手握把，手心相对。双臂开始发力向上推举。

step **1▶**

step **2▶**

停顿

时间：2~3秒。

step3~4 继续向上推举，一直推举至手臂伸直，但肩关节不要锁死。在动作顶点停顿2~3秒。注意不要耸肩，肘部也不要晃动。

step **5** ▶

step **6** ▶

在训练时左右肩尽量同时发力。

step5~6 开始进行还原动作，缓慢下放至初始位置。重复动作。

04 坐姿肩上推举3

肌肉图展示

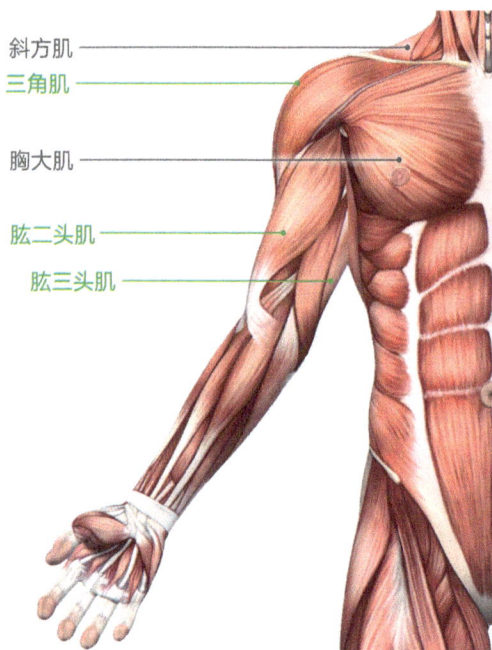

斜方肌
三角肌
胸大肌
肱二头肌
肱三头肌

解析注释

- 绿色字体为主要锻炼的肌肉
- 灰色字体为次要锻炼的肌肉

锻炼的好处
增强肩部及手臂的力量，辅练胸部。

训练方法
3~4组，10~12次/组。

教练提示
向上推举时不要耸肩，肘关节不可以超伸。

训练难度 ★★
锻炼效果 ★★
肌肉群范围 ★★★

POINT

- 手握把略高于双肩。

step **1** ▶

step1 端坐于器械的海绵坐垫上，调整好椅子高度，以手握把刚好在肩部稍稍靠上的高度为宜。双脚自然分开，头部与后背紧贴海绵靠垫，双手向上握住手握把，手心朝前。

step **2** ▶

step **3** ▶

停顿
时间：2~3秒。

step2~3 然后双臂开始发力，向上推举，一直推举至手臂伸直，但肩关节不要锁死。在动作顶点停顿2~3秒。上半身要保持稳定。

step **4** ▶

身体和头部始终保持平稳，这有利于双手同时用力。

step **5** ▼

step4~5 在动作顶点时稍做停留，慢慢还原，直到肘部略低于肩膀。重复动作。

05 坐姿杠铃颈后推举

肌肉图展示

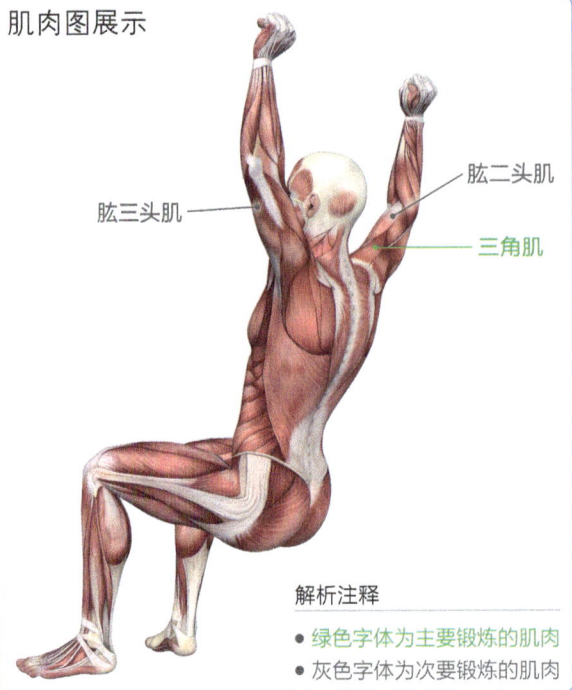

肱三头肌

肱二头肌

三角肌

解析注释

- 绿色字体为主要锻炼的肌肉
- 灰色字体为次要锻炼的肌肉

锻炼的好处
增强肩部的力量，辅练手臂。

训练方法
3~4组，10~12次/组。

教练提示
上身挺直，不能随意摆动或屈伸，否则容易借力运动，达不到锻炼效果。

训练难度 ★★★
锻炼效果 ★★★
肌肉群范围 ★★★

step **1**▶

step1 在器械座椅上坐好，背部紧贴海绵靠垫，双手抓握杠铃杆，将杠铃架在颈后肩上。保持挺胸收腹。

step 2 ▶

step2~3 然后双臂发力将杠铃上推。一直
推至头顶后上方。注意肘关节向两侧打开，
肘部与手臂在同一平面上。伸直双臂后，
停顿2~3秒。

step 3 ▶

停顿
时间：2~3秒。

step 4 ▶

step4 接着控制肌肉力量，使双臂缓缓
下降，返回至初始位置。重复动作。

手臂——"麒麟臂" VS 纤细手臂，器械训练动作大揭秘

扫码观看动作视频

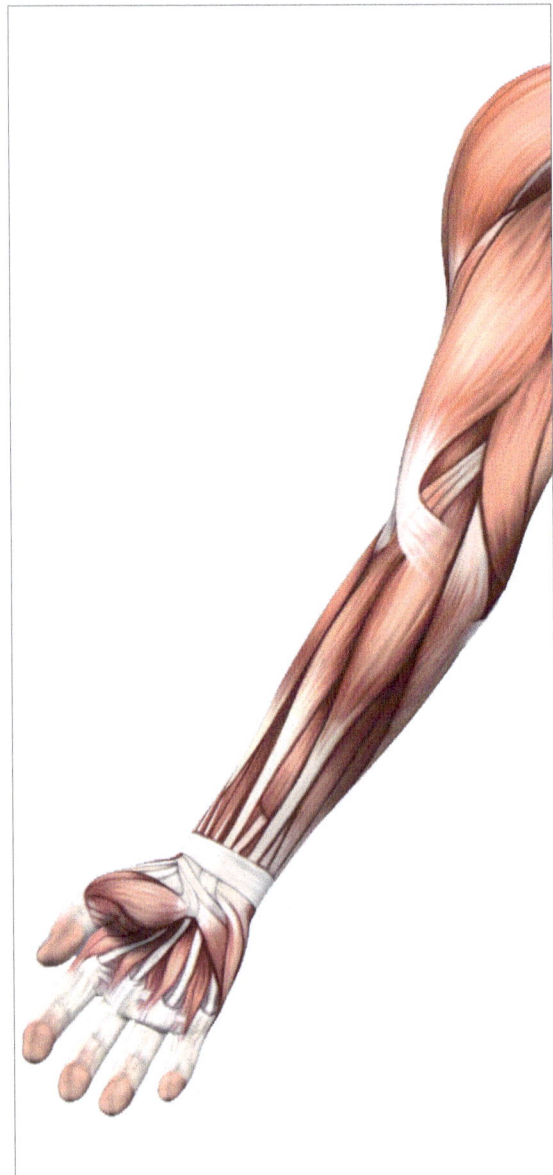

手臂器械练习

手臂是展现肌肉、呈现健身效果的最佳区域，适时显露的手臂，让拥有清晰流畅线条的肱二头肌、肱三头肌展示出来，使你看起来健壮结实，充满健身的美感。

手臂健身比较容易达成，因为我们身体大部分部位的锻炼，都要有手臂参与，但针对手臂进行锻炼也是必不可少的。本节内容专注于结合器械进行手臂锻炼，尤其是肱二头肌、肱三头肌以及前臂的练习。

额外的好处

手臂锻炼除了能让你拥有健硕的身形、强大的臂力与外形魅力外，还有诸多好处。比如生活中，有力的臂膀能让你轻松提起重物，帮助家人分担家务，使你充满成就感与自豪感。

另外，坚实的手臂是你减压的好助手，还能降低生活和运动损伤。坚实有弹性的肌肉，可以成为减震器，在摔跤时及时缓冲冲击力，并有效保护肘关节和肩关节。有力的手臂肌肉还是进行其他部位训练的有效辅助，使全身都能在训练中受益。

01 绳索下拉

肌肉图展示

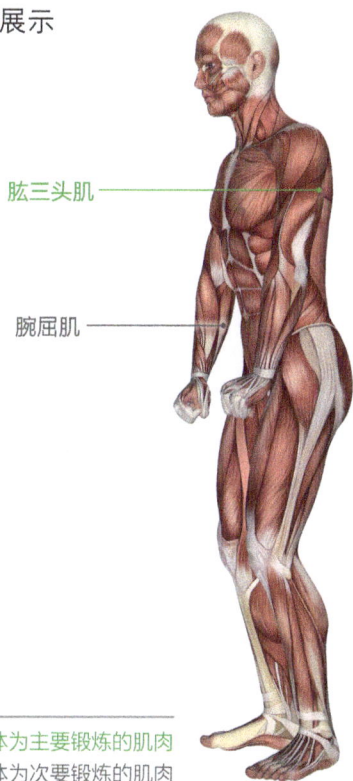

肱三头肌

腕屈肌

解析注释

- 绿色字体为主要锻炼的肌肉
- 灰色字体为次要锻炼的肌肉

锻炼的好处
增强手臂后侧肱三头肌的力量。

训练方法
3~4组，10~12次/组。

教练提示
双脚之间的距离与肩同宽，保持身体平稳。
动作路线为上下移动，最后至肘关节微屈
即可。

训练难度 ★★
锻炼效果 ★★
肌肉群范围 ★★

POINT

- 双臂后展幅度不要太大，否则容易
  造成肩袖损伤。双手掌心相对。

step **1**▶

step1 双手抓取绳把，上身略微前倾。

step2 保证大臂贴近身体，通过逐渐伸直手臂将绳把向下拉。最终拉至肘关节微屈的程度。

step **2** ▶

动作路线为上下移动，最后至肘关节微屈即可。

step **3** ▶

step **4** ▶

step3~4 接着肱三头肌向下用力，继续下按，直至手臂伸直，但是肘关节不要锁死，以免造成关节损伤。重复动作。

肌肉图展示

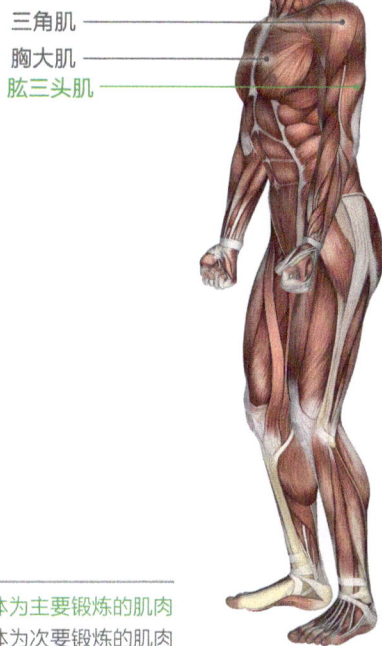

三角肌
胸大肌
肱三头肌

解析注释
- 绿色字体为主要锻炼的肌肉
- 灰色字体为次要锻炼的肌肉

锻炼的好处
增强手臂后侧肱三头肌的力量。

训练方法
3~4组，10~12次/组。

教练提示
练习全程保证大臂贴近身体，可以更好刺激肱三头肌。

训练难度 ★★
锻炼效果 ★★
肌肉群范围 ★★

POINT

- 注意，上臂全程贴近身体。

step **1**▶

step1 站在拉力器前，双手握住手柄，双手之间的距离小于肩宽，手心向内，身体直立，双脚分开，挺胸收腹，收紧腰部。双肘贴于身体两侧。

step 2 ▶

step 3 ▶

step 4 ▶

停顿
时间：2~3秒。

step2~4 然后前臂开始下拉，上臂贴近身体。下拉动作带有爆发力，时间控制在1秒左右。动作达到顶点时，双臂伸直，并停顿2~3秒，此时肱三头肌持续发力。

step 5 ▶

step 6 ▶

动作的节奏为
快拉慢放。

step5~6 接着开始进行还原动作。控制好手臂力量，尤其是肱三头肌的力量，还原时间控制在2~3秒。重复动作。

03 拉力器下压

肌肉图展示

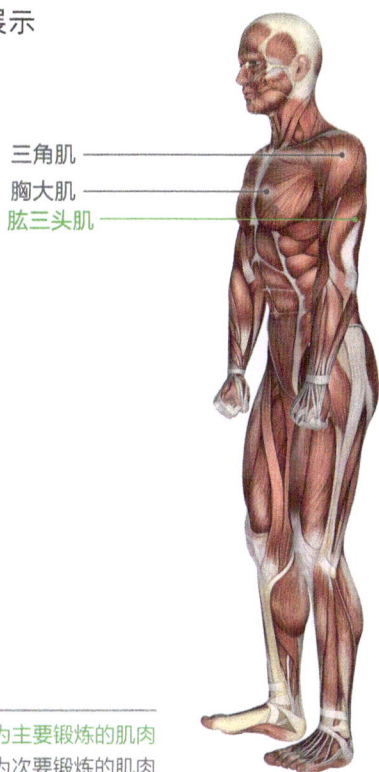

三角肌 ——————
胸大肌 ——————
肱三头肌 ——————

解析注释

- 绿色字体为主要锻炼的肌肉
- 灰色字体为次要锻炼的肌肉

锻炼的好处

增强手臂后侧肱三头肌的力量。

训练方法

3~4组，10~12次/组。

教练提示

下压至动作顶点，胳膊可稍稍外展，使肱三头肌受到充分的刺激。

训练难度 ★★
锻炼效果 ★★
肌肉群范围 ★★★

step **1**▶

step1 站在拉力器前，双手握住手柄，双手之间的距离小于肩宽，手心向下，身体直立，双脚分开，挺胸收腹，收紧腰部。双肘贴于身体两侧。

step 2 ▶

step 3 ▶

step 4 ▶

停顿
时间：2~3秒。

step2~4 然后前臂开始下压，上臂贴近身体，身体保持稳定。下压动作带有爆发力，时间控制在1秒左右。在动作达到顶点时，双臂伸直，并停顿2~3秒，此时肱三头肌持续发力。

step 5 ▶

step 6 ▶

小臂不要来回晃动，否则肱三头肌就会使不上力气，达不到锻炼的效果。

step5~6 接着开始进行还原动作。在控制好肱三头肌力量的前提下，逐渐进行还原动作。重复动作。

04 拉力器坐姿弯举

肌肉图展示

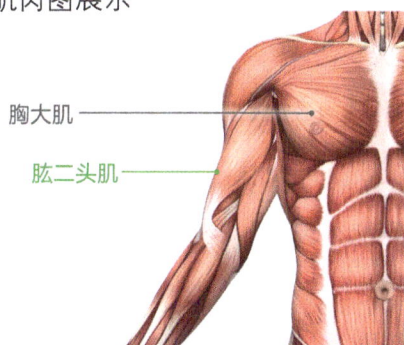

胸大肌

肱二头肌

解析注释

- 绿色字体为主要锻炼的肌肉
- 灰色字体为次要锻炼的肌肉

锻炼的好处
增强手臂前侧肱二头肌的力量。

训练方法
3~4组，10~12次/组。

教练提示
注意上半身与肘部都不要随意摇动。

训练难度 ★★
锻炼效果 ★★
肌肉群范围 ★★★★

step1 在垫子上坐好，双手握拉力器手柄，手心向上，双臂展开。双膝稍稍弯曲，双脚距离与肩同宽，脚掌朝前放好。

step **1**▶

step **2** ▶

step2 然后手臂开始发力，肘部位置固定，前臂弯曲，向头部位置上拉，一直拉到面前。

step **3** ▶

停顿
时间：2~3秒。

step3 在动作顶点停顿2~3秒。

step **4** ▶

step4 然后慢慢返回至初始位置。重复动作。注意运动过程中，上半身保持平衡，肘部不要摇晃。

05 拉力器单臂反握下拉

肌肉图展示

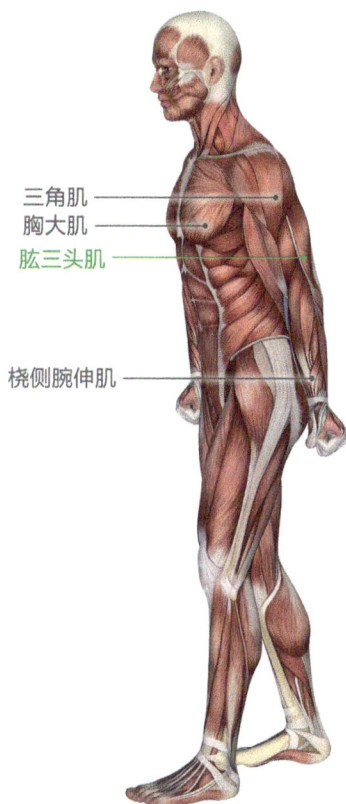

三角肌

胸大肌

肱三头肌

桡侧腕伸肌

解析注释

- 绿色字体为主要锻炼的肌肉
- 灰色字体为次要锻炼的肌肉

锻炼的好处

增强手臂后侧肱三头肌的力量。

训练方法

3~4组，10~12次/组。

教练提示

上臂与地面保持垂直、稳定，不要跟随前臂摆动。

训练难度 ★★

锻炼效果 ★★

肌肉群范围 ★★★

step **1▶**

step **2▶**

step1~2 于拉力器前站定，左手握手柄，手心向上，肘部贴紧体侧，上臂与地面垂直，双脚左前右后站立。

step **3**▶

step **4**▶

step3~4 然后左前臂开始向下用力拉动拉力器。下拉时，上臂不要摇动。下拉时要有爆发力，动作控制在1秒左右。

step **5**▶

step **6**▶

step **7**▶

step5~7 接着还原至初始位置。控制肌肉力量，尤其是肱三头肌的力量，逐渐还原至初始位置，时间为2~3秒。重复动作。

06 弹力绳俯身臂屈伸

肌肉图展示

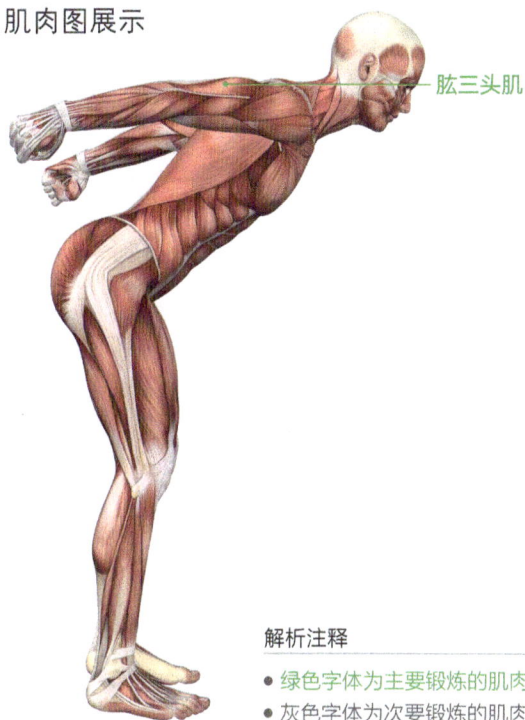

—— 肱三头肌

解析注释

● 绿色字体为主要锻炼的肌肉
● 灰色字体为次要锻炼的肌肉

锻炼的好处

增强手臂后侧肱三头肌的力量。

训练方法

3~4组，10~12次/组。

教练提示

双脚要踩实弹力绳，确保安全。注意上身前俯，与地面的夹角为45度。

训练难度 ★★
锻炼效果 ★★
肌肉群范围 ★★

step **1**▶

step1 双脚之间保持与肩宽相同的距离，踩在弹力绳上。双手握紧弹力绳两端，上身前俯，与地面夹角为45度。

step **2**▶

step2 双手放置身体两侧，然后双臂向后、向身体两侧拉动弹力绳。

step **3** ▶

根据自己的力量选择合适的弹力绳，也可以用长的弹力绳。

step3 向后拉伸时，幅度不要太大，否则容易造成肩袖损伤。

step **4** ▶

step4~5 一直拉至不能再拉动为止，在动作顶点停顿2~3秒，保持肌肉紧张。然后控制好肌肉力量，逐渐还原至初始位置。重复动作。

停顿
时间：2~3秒。

step **5** ▶

双脚要踩实弹力绳，确保安全，可通过双脚间距调整弹力绳的阻力大小。

POINT

• 双臂之间的距离略宽于肩，后伸幅度不要太大，否则容易造成肩袖损伤。

肌肉图展示

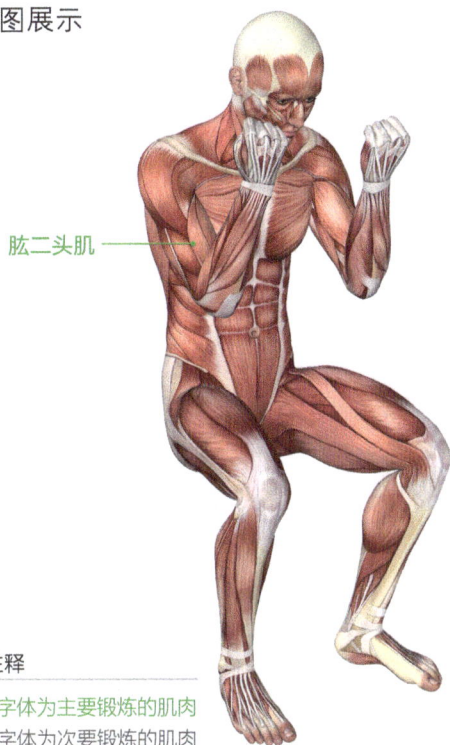

肱二头肌 ————

解析注释

- 绿色字体为主要锻炼的肌肉
- 灰色字体为次要锻炼的肌肉

锻炼的好处

增强手臂前侧肱二头肌的力量。

训练方法

3~4组，10~12次/组。

教练提示

建议选择曲柄杠铃，以减轻腕关节的压力。手臂动作保持稳定，不要向身体借力。

训练难度 ★★
锻炼效果 ★★
肌肉群范围 ★★

step1~2 首先在器械座椅上坐好，将上身靠在倾斜的皮垫上，上臂也稳定地靠在斜面上。双手握曲柄杠铃杆，手心朝上。做好准备动作后，手臂开始用力上抬杠铃。

step **1**▶

step **2**▶

step **3** ▶

停顿
时间：2~3秒。

step3 一直将杠铃上抬至肩部靠上的位置。在动作顶点时，肘部紧绷，停顿2~3秒。

step4~5 然后缓慢向下还原至初始动作，重复动作。

step **4** ▶

step **5** ▶

注意主要发力部位为肱二头肌，不要向臀部借力。

08 拉力器背后臂屈伸

肌肉图展示

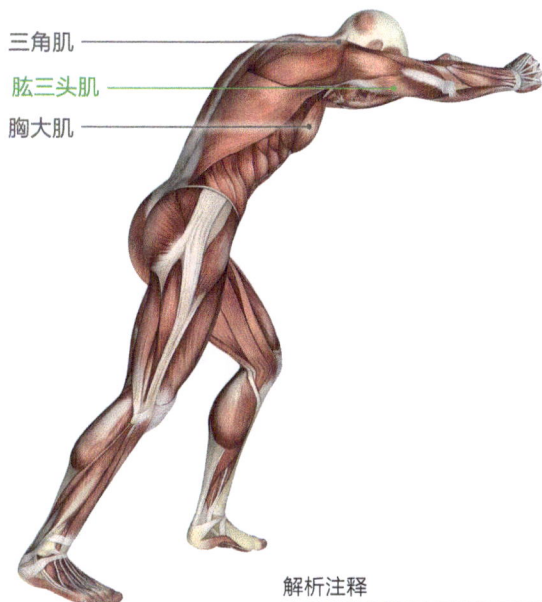

- 三角肌
- 肱三头肌
- 胸大肌

解析注释
- 绿色字体为主要锻炼的肌肉
- 灰色字体为次要锻炼的肌肉

锻炼的好处
增强手臂后侧肱三头肌的力量。

训练方法
3~4组，10~12次/组。

教练提示
肩部有伤者，尽量避免此项运动。

训练难度 ★★
锻炼效果 ★★★
肌肉群范围 ★★★

step **1**▶

step1 在拉力器前，调整好距离，背对拉力器站好。双臂上举握住绳把，身体前倾，双脚前后开立，前腿膝部微屈，双臂弯曲并尽量靠近双耳，肘部朝前冲上。

> 在做准备动作时，肱三头肌已经处于受力状态。

- 注意两侧手臂同时发力做动作，到动作的最顶点时，手臂伸直并与地面平行。

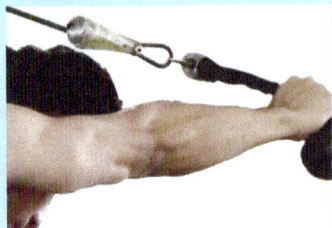

step **2**▶

两侧手臂同时发力拉动绳把。

step **3**▶

缓慢还原。

step2~3 双手同时发力，拉动配重盘。注意用力方向与绳把保持一致，用力部位为肱三头肌。在做还原动作时，速度要慢，控制好手臂肌肉的力量，不能快速还原或直接放手。重复动作。

09 双杠臂屈伸

肌肉图展示

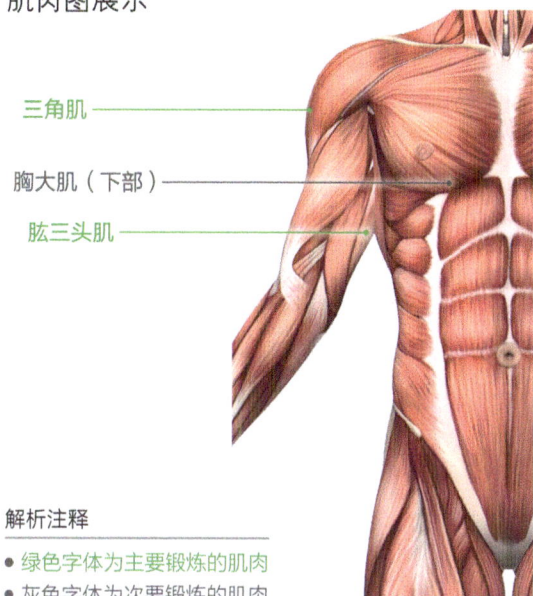

- 三角肌
- 胸大肌（下部）
- 肱三头肌

解析注释

- 绿色字体为主要锻炼的肌肉
- 灰色字体为次要锻炼的肌肉

锻炼的好处
增强肩部及手臂的力量，辅练胸部。

训练方法
3~4组，10~12次/组。

教练提示
做动作时身体不要前后摆动，或者故意将胸部前挺。

训练难度 ★★
锻炼效果 ★★
肌肉群范围 ★★

step **1** ▶

step1 屈膝，小腿平放在凳子上，双手握住手握把，双臂伸直撑于手握把上，上肢与躯干所在面垂直于双杠，挺胸顶肩，但也不要故意过度挺胸。

step **2**▶

step **3**▶

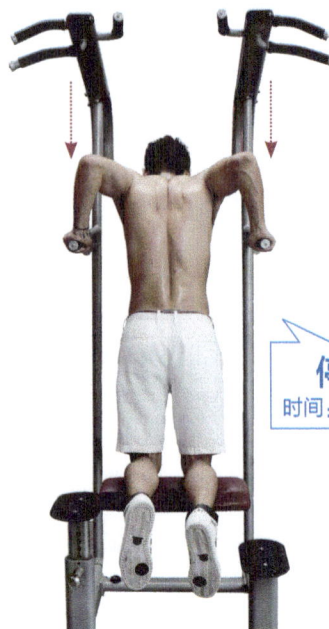

停顿
时间：2~3秒。

step2~3 控制好手臂与肩部肌肉，使肘关节慢慢弯曲，肩关节配合移动，使身体慢慢下降，最后降至最低位置，身体在最低位置保持短暂停顿。

step **4**▶

step **5**▶

step4~5 然后双臂再撑起，回到初始状态。注意保持身体平衡。重复动作。

腰腹——强化核心肌群，加强全身稳定性的关键

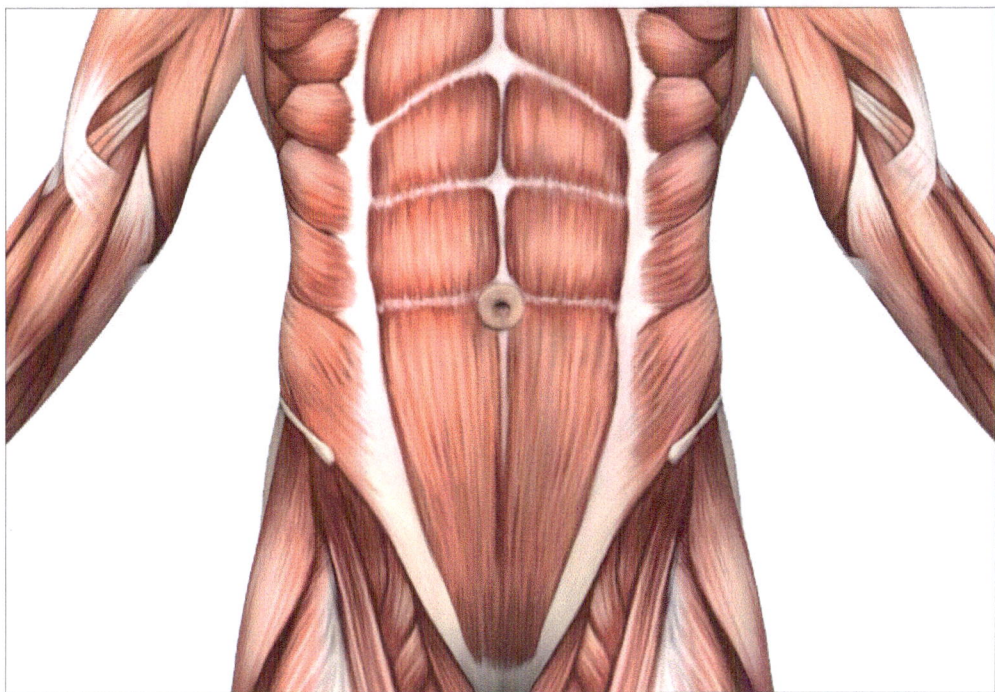

腰腹器械练习

　　腰腹部是我们身体的核心区域，腰腹部力量的大小以及控制能力，关系到全身其他部位肌肉的力量，尤其是四肢力量的锻炼与发挥。

　　同时腰腹部力量训练也关系着我们身体的整体平衡性，练好腰腹部肌肉，可以提升整体的运动协调性，将各种技术性动作做得更好。

　　需要注意的是，在腰腹部器械练习过程中，要有正确的方法引导，如果有腰疼等症状出现，要及时找出问题根源，避免造成损伤。

额外的好处

　　腰腹核心区域的练习，能让我们摆脱很多常见病痛，拥有健康身体。其中最典型的就是摆脱腰背部的疼痛。长期伏案工作的上班族，容易感到腰背部疼痛，腰椎与腰部肌肉、背部肌肉都是疼痛的多发部位。增强腰腹部肌肉力量，使核心区域肌肉能更有力地支撑腰椎，减少腰椎的负担，使腰部远离疼痛困扰。

01 罗马椅侧倾

肌肉图展示

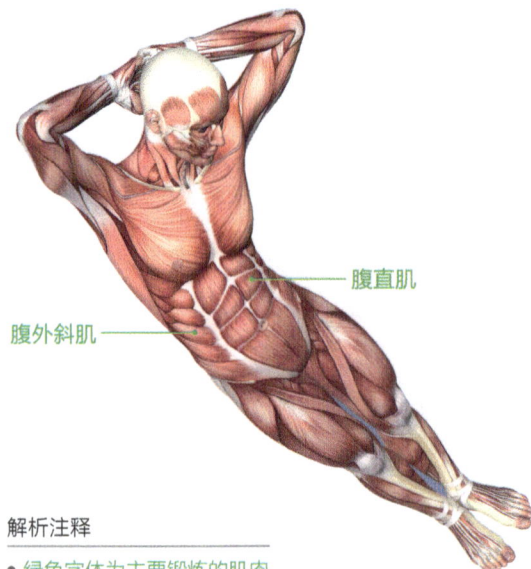

—— 腹直肌

腹外斜肌 ——

解析注释

- 绿色字体为主要锻炼的肌肉
- 灰色字体为次要锻炼的肌肉

锻炼的好处
增强腹部的力量。

训练方法
3~4组，左右侧各10~12次/组。

教练提示
腹部是发力的主要部位。

训练难度 ★★
锻炼效果 ★★
肌肉群范围 ★★

step1~2 侧躺在罗马椅上，调整好椅子高度，以髋关节以上部位能舒适转动为宜。双腿安全固定，双臂上举，肘部弯曲，双手手掌置于脑后。然后开始尽可能地向下做侧倾动作。注意身体不能前后移动。

step **1** ▶

step **2** ▶

此项训练对腰椎压力较大，谨慎锻炼。

step **3** ▶

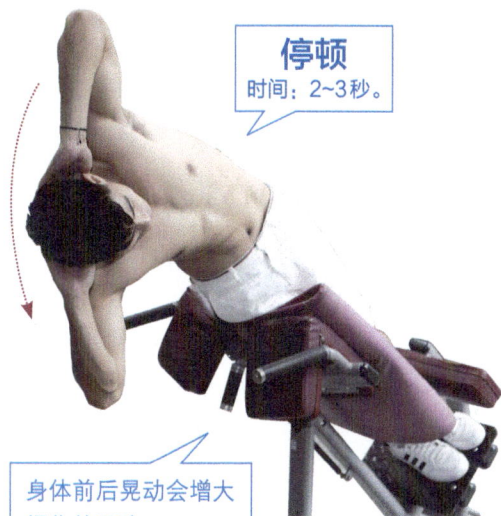

停顿
时间：2～3秒。

身体前后晃动会增大
损伤的风险。

POINT

• 身体倾斜角度约45度。

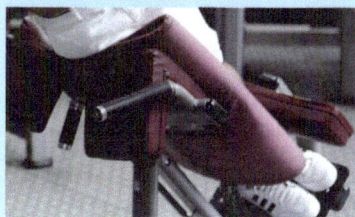

step3 在身体充分伸展时，停顿2～3秒。

step **4** ▶

step **5** ▶

step4~5 然后开始将身体缓慢抬起，并回至初始位置。然后换身体另一侧，重复动作。

02 罗马椅侧倾（负重）

肌肉图展示

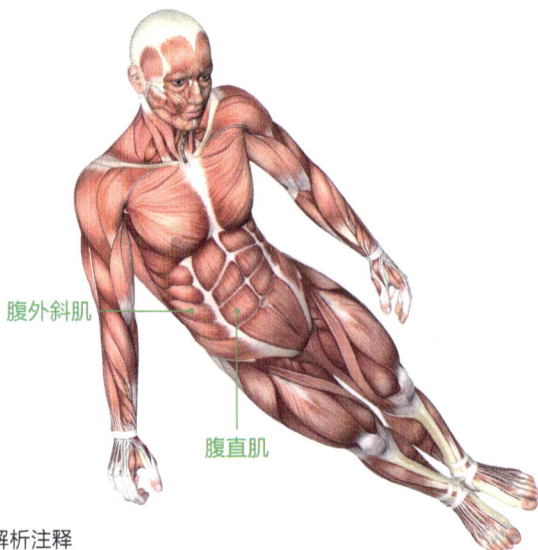

腹外斜肌

腹直肌

解析注释

- 绿色字体为主要锻炼的肌肉
- 灰色字体为次要锻炼的肌肉

锻炼的好处
增强腹部的力量。

训练方法
3~4组，左右侧各10~12次/组。

教练提示
侧倾的时候量力而为，避免腰部
受到损伤。

训练难度 ★★
锻炼效果 ★★
肌肉群范围 ★★★

step1~2 首先侧躺在罗马椅上，调整
好椅子高度，以髋关节以上部位能舒
适转动为宜。位于下方的手，持杠铃
片下垂。然后开始尽可能地向下做侧
倾动作。注意身体不能前后移动。

step **1**▶

罗马椅是做这
个动作的有效
器械，可以帮
助健身者安全
地进行该动作。

step **2**▶

step 3 ▼

step 4 ▼

停顿

时间：2~3秒。

step3~4 在向下侧倾至最大程度时，停顿2~3秒。注意呼吸要平稳，动作要均衡缓慢。

step 5 ▼

避免不必要的身体摇摆，否则会增加受伤的风险。

step 6 ▼

step5~6 接着开始将身体缓慢抬起，并回至初始位置。然后换身体另一侧，重复动作。

肌肉图展示

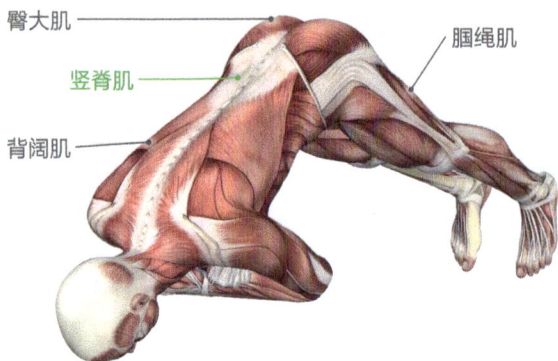

臀大肌

腘绳肌

竖脊肌

背阔肌

解析注释

- 绿色字体为主要锻炼的肌肉
- 灰色字体为次要锻炼的肌肉

锻炼的好处
增强腰背部的力量，辅练臀部和大腿后侧。

训练方法
3~4组，10~12次/组。

教练提示
在返回动作中，背部不要拱起，尤其是背部上方。

训练难度 ★★★
锻炼效果 ★★
肌肉群范围 ★★

step **1**▶

对于腰部练习来说，此项练习强度不大，如果感到腰部酸痛可停止。

step1 在罗马椅上固定好双脚，双腿贴紧海绵靠垫，双手握拳交叉于胸前，收腹挺胸。

step **2** ▶

将罗马椅调至合适高度。

step2~3 控制好肌肉力量，慢慢向下弯腰。

step **3** ▶

step **4** ▶

step4~6 在下降到手臂与地面平行后，再利用腰背部力量缓缓抬起身体，恢复至身体挺直状态。然后重复动作。注意下降速度不要太快，并且下降到达的最低位置不要过低，否则容易损伤腰椎。

step **5** ▶

step **6** ▶

主要用腰背部力量控制动作。

04 罗马椅挺身（负重）

肌肉图展示

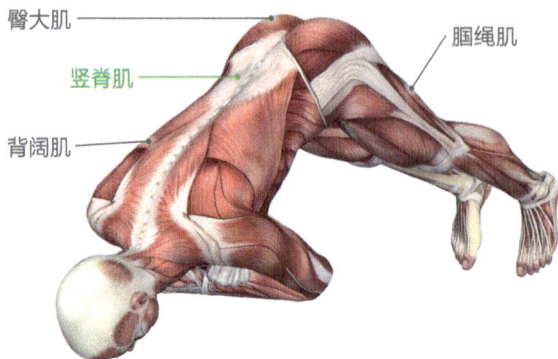

臀大肌
竖脊肌
背阔肌
腘绳肌

解析注释
- 绿色字体为主要锻炼的肌肉
- 灰色字体为次要锻炼的肌肉

锻炼的好处
增强腰背部的力量，辅练臀部和大腿后侧。

训练方法
3~4组，18~20次/组。

教练提示
注意下降速度不要太快且下降到达的最低位置不要过低，否则容易损伤腰椎。

训练难度 ★★★
锻炼效果 ★★
肌肉群范围 ★★

step **1**▶

step1~2 首先在罗马椅上固定好双脚，双腿贴紧海绵靠垫，双手在胸前抱紧哑铃片，收腹挺胸。准备好后慢慢向下弯腰。

step **2**▶

下降速度不要太快。

step 3 ▶

在动作过程中，上背部、双臂、手部都要保持固定状态。

step3 控制好肌肉力量，继续慢慢向下弯腰。保持背部挺直。

step 4 ▶

step4~5 在下降到手臂与地面平行后，再利用腰背部力量缓缓抬起身体，恢复至身体挺直状态。下降用时约为2秒，起身用时约为1秒。

step 5 ▼

POINT

● 注意要缓慢下降，避免腰椎受到损伤。

05 下斜板仰卧起坐

肌肉图展示

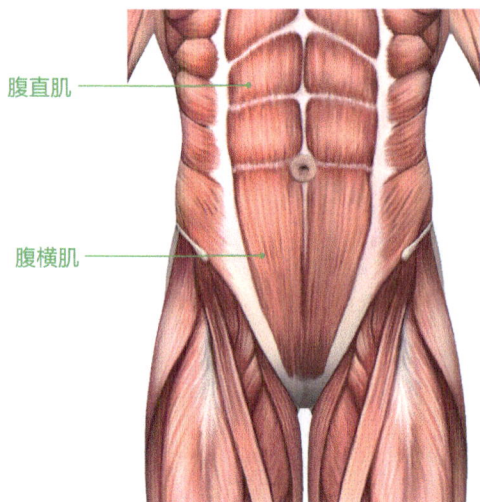

腹直肌

腹横肌

解析注释

- 绿色字体为主要锻炼的肌肉
- 灰色字体为次要锻炼的肌肉

锻炼的好处
增强腹部的力量。

训练方法
3~4组，18~20次/组。

教练提示
臀部始终和斜板贴合，仰卧起坐时背部不要挺直。

训练难度 ★★
锻炼效果 ★★
肌肉群范围 ★★★

POINT

- 训练时不要借助脚部力量，可调节斜板的坡度来改变难易程度。

step 1▶

step1 仰卧于斜板上，双脚在滚轴下方勾好，双腿固定好，屈膝，双手轻握拳，交叉抱于胸前。

下落动作要慢，最好控制在2秒左右。

上背部、双臂与手部
保持稳定。

step2~3 做好准备后，主要使用腹部的
力量，将上身抬起。

step4 大腿、上背部、双臂与手部在动
作中保持稳定，上升动作用时1秒左右。

step **4** ▼

step **5** ▼

step5 持续用力上抬，直至上身与双腿垂
直。然后再缓慢下降至初始位置，用时2
秒左右。重复动作。

06 下斜仰卧抬腿

肌肉图展示

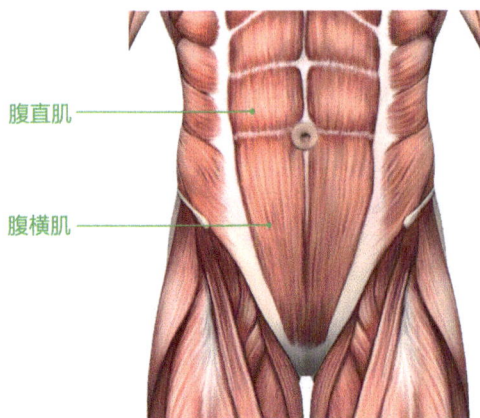

腹直肌

腹横肌

解析注释

- 绿色字体为主要锻炼的肌肉
- 灰色字体为次要锻炼的肌肉

锻炼的好处

增强腹部的力量。

训练方法

3~4组，10~12次/组。

教练提示

主要发力部位为腹部，不要依靠惯性
做动作。

训练难度 ★★
锻炼效果 ★★
肌肉群范围 ★★★

step 2 ▶

step 1 ▼

双腿保持并拢。

step1~2 在斜板上仰面躺好，
双手向上握住把手，上身与臀
部紧贴斜板，双腿并拢。做好
准备工作后，依靠腹部的力量，
抬起双腿。

step **3** ▶

在做动作的过程中，上背部、双臂、手部都要保持固定。

step **4** ▶

step3~4 持续向上抬起双腿。注意上背部不能离开斜板，腿部与下背部要并拢，一直持续上抬到腿部垂直于地面。在动作顶点时停顿2~3秒。

停顿
时间：2~3秒。

step **5** ▶

step5 然后再依靠腹部发力，将双腿慢慢放下。重复动作。

07 健腹轮滑动健腹

肌肉图展示

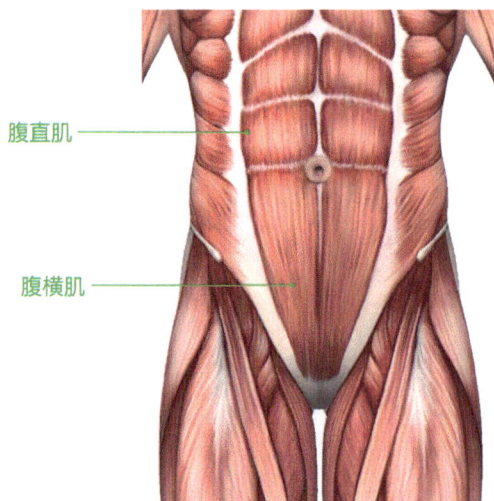

腹直肌

腹横肌

解析注释

- 绿色字体为主要锻炼的肌肉
- 灰色字体为次要锻炼的肌肉

锻炼的好处

增强腹部的力量，辅练手臂。

训练方法

3~4组，10~12次/组。

教练提示

背部要保持略微向上的弧度，而不要凹陷，否则容易受伤。

训练难度 ★★
锻炼效果 ★★
肌肉群范围 ★★

POINT

- 手臂垂直于地面。

step **1** ▼

step1 膝部稳稳地跪在垫子上，双手握好器械把手。保持身体前倾。

step **2** ▶

step2~3 背部保持一定弧度，然后依靠腹部力量的控制，滚动健腹轮，使身体下降。

step **3** ▶

背部始终保持一定弧度。

step **4** ▶

step4~5 继续下降身体，臀部绷紧，下巴收紧，一直下降到快贴近地面的位置。然后控制好肌肉力量，慢慢返回到初始位置，直至大腿与地面垂直。重复动作。

step **5** ▶

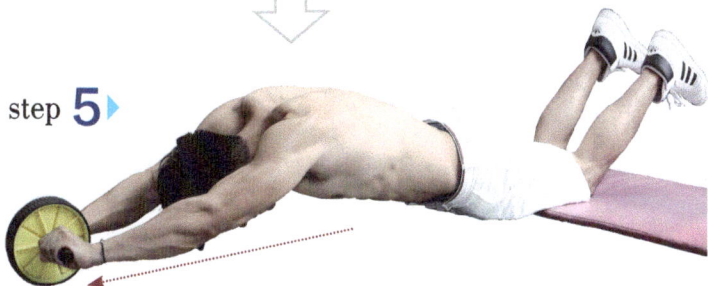

08 悬垂举腿

肌肉图展示

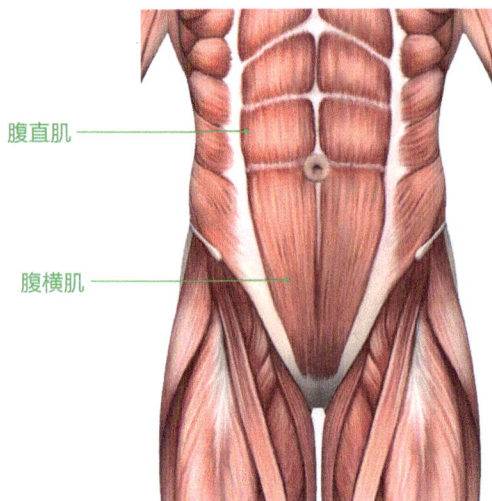

腹直肌

腹横肌

解析注释
- 绿色字体为主要锻炼的肌肉
- 灰色字体为次要锻炼的肌肉

锻炼的好处
增强腹部的力量。

训练方法
3~4组，10~12次/组。

教练提示
依靠腹肌收缩的力量抬起双腿。双腿尽量保持伸直。

训练难度 ★★★
锻炼效果 ★★★★
肌肉群范围 ★★★

step **1** ▶

后背紧贴海绵靠垫，双手握紧把手。双腿自然下垂，伸直。

step1 双手握好手握把，前臂支撑在手臂靠垫上，后背紧贴海绵靠垫，撑起身体。双腿保持伸直，放松下垂。然后收腹挺胸。

step **2** ▼

step **3** ▼

step **4** ▼

step2~4 依靠腹肌收缩的力量抬起双腿，直至大腿与上身之间的夹角呈90度角，在动作顶点停顿2~3秒。

step **5** ▶

step **6** ▶

双腿下降时，动作要缓慢，背部始终保持紧贴海绵靠垫。

step5~6 然后控制好肌肉力量，将双腿缓慢下降，直至恢复初始动作。重复动作。

09 悬垂侧举腿

肌肉图展示

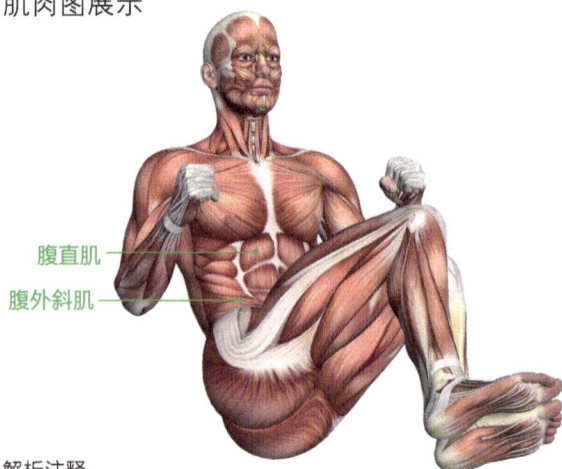

腹直肌
腹外斜肌

解析注释

- 绿色字体为主要锻炼的肌肉
- 灰色字体为次要锻炼的肌肉

锻炼的好处
增强腹部的力量。

训练方法
3~4组，左右侧各10~12次/组。

教练提示
尽量向上提起双膝。

训练难度 ★★★
锻炼效果 ★★★★
肌肉群范围 ★★★

step **1** ▶

后背紧贴海绵靠垫，身体自然下垂。

step **2** ▶

step1~2 双手握好手握把，前臂支撑在手臂靠垫上，后背紧贴海绵靠垫，撑起身体。双腿保持伸直，放松下垂。然后依靠腹肌力量向一侧上方抬腿。

step **3** ▼

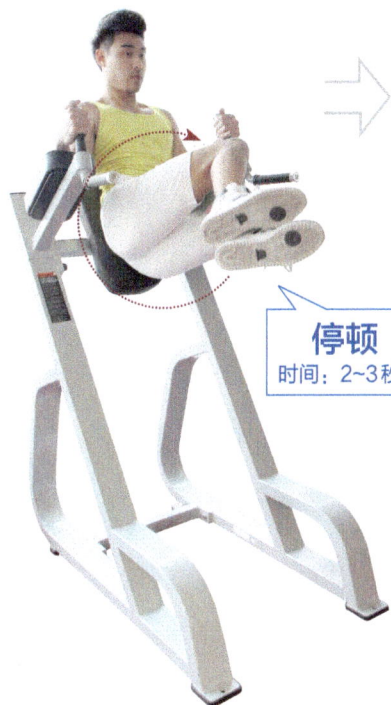

停顿
时间：2~3秒。

step **4** ▼

step3~4 小腿缩起，双膝继续向一侧上方提起，上提至最高点时，停顿2~3秒。然后控制好力量，慢慢放下双腿。

调换方向重复动作，可以充分锻炼腰腹部肌肉。

step **5** ▶

step5~6 然后换另一侧重复动作。

step **6** ▶

10 悬垂屈膝腿上举

肌肉图展示

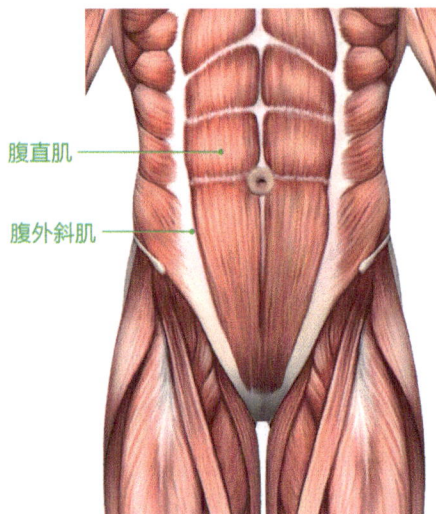

腹直肌

腹外斜肌

解析注释

- 绿色字体为主要锻炼的肌肉
- 灰色字体为次要锻炼的肌肉

锻炼的好处
增强腹部的力量。

训练方法
3~4组，10~12次/组。

教练提示
尽量向上提起双膝。

训练难度 ★★
锻炼效果 ★★★
肌肉群范围 ★★★

后背紧贴海绵靠垫，
身体自然下垂。

step **1**▶

step1 双手握好手握把，前臂支撑在手臂靠垫上，后背紧贴海绵靠垫，撑起身体。双腿保持伸直，放松下垂。

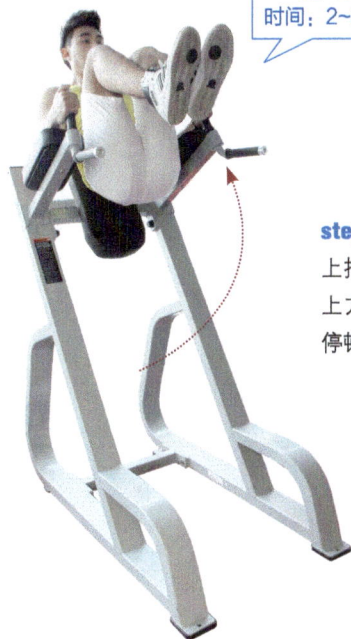

停顿
时间：2~3秒。

step2~3 然后依靠腹肌力量向上抬腿。小腿缩起时，双膝向上方提起，上提至最高点时，停顿2~3秒。

step4~5 接着控制好力量，慢慢放下双腿。重复动作。

11 杠铃片体侧屈

肌肉图展示

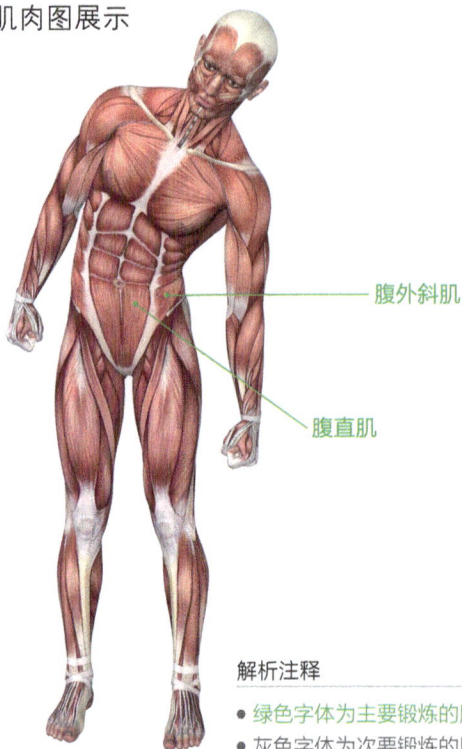

腹外斜肌

腹直肌

解析注释
- 绿色字体为主要锻炼的肌肉
- 灰色字体为次要锻炼的肌肉

锻炼的好处
增强腹部的力量。

训练方法
3~4组，左右侧各10~12次/组。

教练提示
手臂尽量不要发力，杠铃片顺着大腿侧面的线条向上，同时保持上半身竖直，回到初始状态。

训练难度 ★★
锻炼效果 ★★
肌肉群范围 ★★

step **1**▶

step **2**◀

注意身体朝一侧弯的时候要慢一点。

step1~2 身体平直站立，双脚之间保持与肩宽相同的距离。双手各抓一个杠铃片，自然垂于体侧。然后在该侧杠铃片重量的带动下向身体一侧弯曲。胸部和脸部始终朝前。

step 3 ▼

step3 一直下降到不能下降为止，在动作顶点停顿2~3秒。在做动作过程中，身体保持平稳，呼吸均匀，匀速下降。

停顿
时间：2~3秒。

注意根据自身条件选择重量合适的杠铃片。

step 4 ▼

step 5 ▼

step 6 ▼

step4~6 接着恢复至初始动作。恢复动作比下弯动作要快一些，保持在1秒左右。然后换方向重复动作。

12 下斜平凳收腹（左）

肌肉图展示

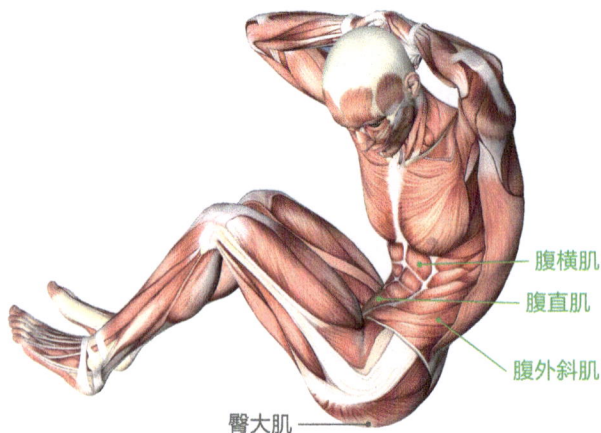

腹横肌
腹直肌
腹外斜肌
臀大肌

解析注释
- 绿色字体为主要锻炼的肌肉
- 灰色字体为次要锻炼的肌肉

锻炼的好处
增强腹部的力量。

训练方法
3~4组，10~12次/组。

教练提示
注意双臂外展，利用腹肌力量做动作。

训练难度 ★★
锻炼效果 ★★
肌肉群范围 ★★

主要利用腹肌力量来做动作。

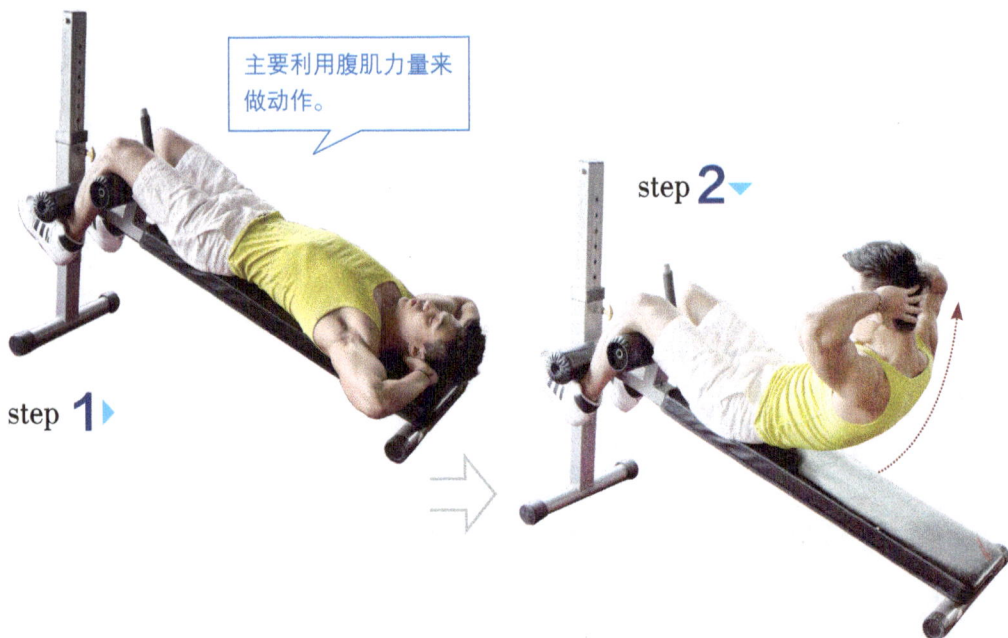

step 1 ▶

step 2 ▼

step1~2 固定好双脚与腿，仰卧于斜板上，双臂向两侧展开，双手放在脑后。斜板下斜角度控制在45度左右。然后腹肌开始收缩，在收缩力量的带动下，将上身抬起。

step **3** ▶

step3 持续抬起上身，在动作顶点时，向左侧弯腰，并停顿2~3秒。

停顿
时间：2~3秒。

step **4** ▶

step4~5 接着控制腹肌力量，再缓慢下降至初始位置。重复动作。

step **5** ▶

每组做10~12次为佳，单次训练可以做3~4组。

13 下斜平凳收腹（右）

肌肉图展示

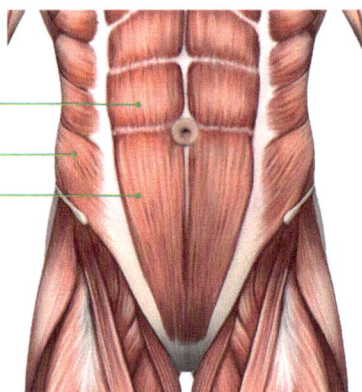

腹横肌
腹外斜肌
腹直肌

解析注释

- 绿色字体为主要锻炼的肌肉
- 灰色字体为次要锻炼的肌肉

锻炼的好处

增强腹部的力量。

训练方法

3~4组，10~12次/组。

教练提示

注意双臂外展，利用腹肌力量做动作。

训练难度 ★★
锻炼效果 ★★
肌肉群范围 ★★

step **1** ▼

step **2** ▼

利用腹肌力量，抬起上身。

step1~2 固定好双脚与腿，仰卧于斜板上，双臂向两侧展开，双手放在脑后。斜板下斜角度控制在45度左右。然后腹肌开始收缩，在收缩力量的带动下，将上身抬起。

step **3** ▶

step3 持续抬起上身，在动作顶点时，向右侧弯腰，并停顿2~3秒。

停顿

时间：2~3秒。

主要利用腹肌力量来做动作。

step **4** ▶

step4~5 接着控制腹肌力量，再缓慢下降至初始位置。重复动作。

step **5** ▶

每组做10~12次为佳，单次训练可以做3~4组。

背部——塑造完美背影，有效提升气质

扫码观看动作视频

背部器械练习

背部包含多组肌肉群，结实的背部不仅使身形看起来挺拔健康，在运动方面也会有更好的表现。背部肌肉可以与肩部、手臂肌肉一同练习，有力的背部肌肉，可以为多种运动提供有力的支持，比如篮球、拳击等。

额外的好处

结实的背部，还直接关系到颈背部的健康。有力的背部肌肉可以有力地支撑起脊柱，使身形完美而健康。上背部通常与颈部的锻炼是分不开的，两者的训练可共同打造健康的颈背部，使人体远离颈背部疼痛。

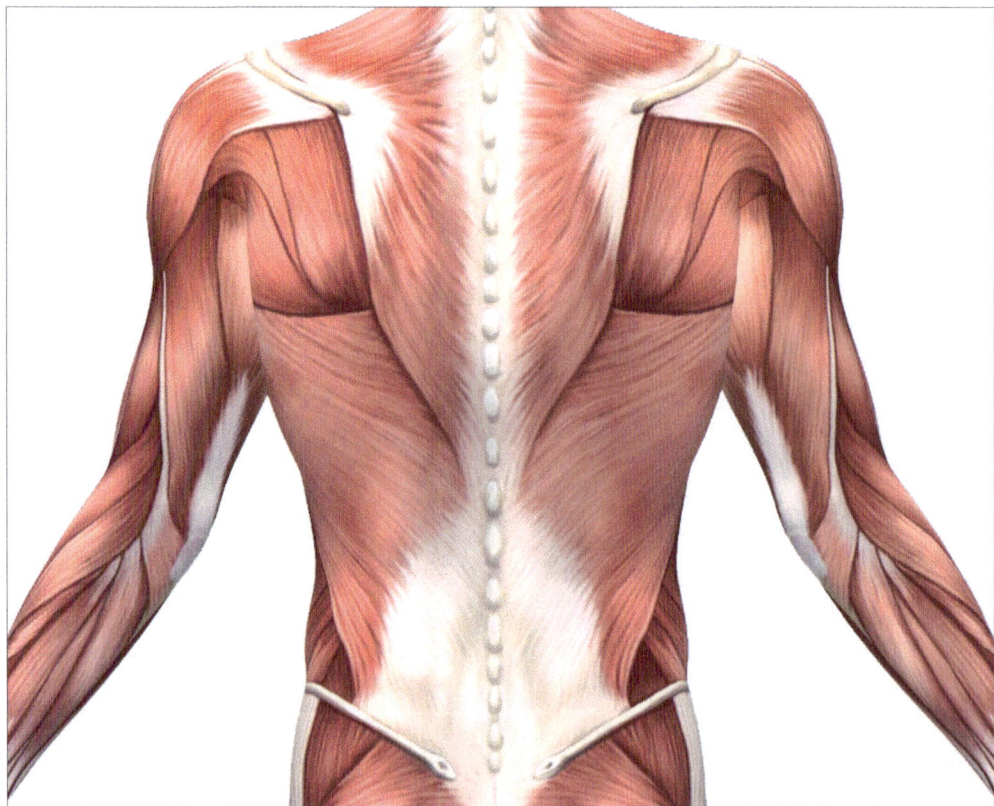

01 正握引体向上

肌肉图展示

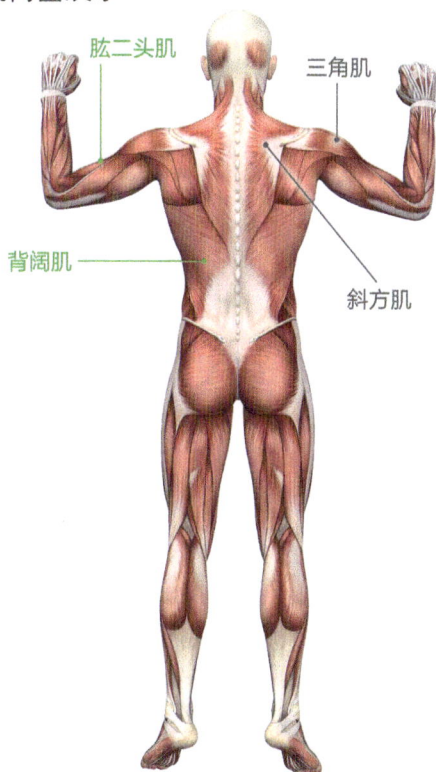

肱二头肌

三角肌

背阔肌

斜方肌

解析注释

- 绿色字体为主要锻炼的肌肉
- 灰色字体为次要锻炼的肌肉

锻炼的好处
增强背部和手臂的力量。

训练方法
3~4组，10~12次/组。

教练提示
主要发力部位为背阔肌，尽可能拉高身体，并且保持身体稳定，避免左摇右晃。

训练难度 ★★
锻炼效果 ★★
肌肉群范围 ★★★★

step **1** ▼

step1 在器械前站定，然后跃起，双手抓住手握把。双手之间的距离是肩宽的2倍。保持身体自然下垂，且身体稳定。此时背阔肌处于自然牵拉状态。

POINT

- 在准备工作中，身体绷直，用手臂力量保持身体稳定。

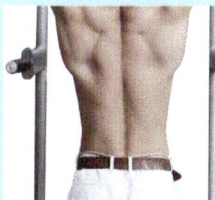

step 2▼　　　　step 3▼　　　　step 4▼

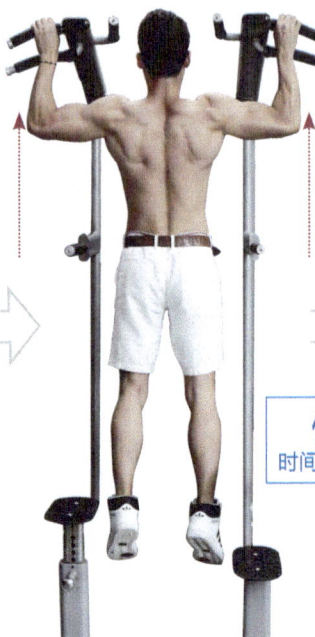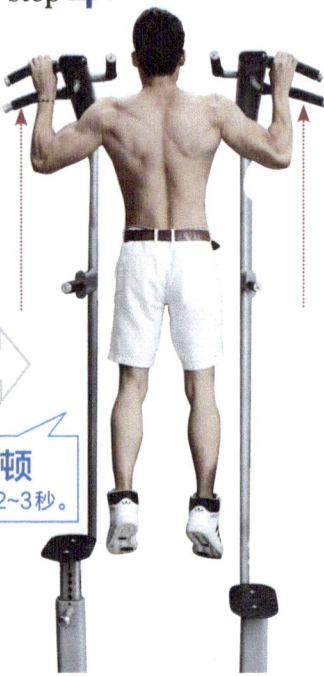

停顿
时间：2~3秒。

step2~4 然后背部和手臂肌肉群收缩，将身体向上拉，腰背部以下保持自然下垂。身体一直向上到最高位置，然后停顿2~3秒。

step 5▶　　　　step 6▶

step5~6 接着控制好肌肉力量，让身体缓慢下降，返回至初始位置。双脚不能挨地，然后重复动作。

02 正握引体向上（带辅助）

肌肉图展示

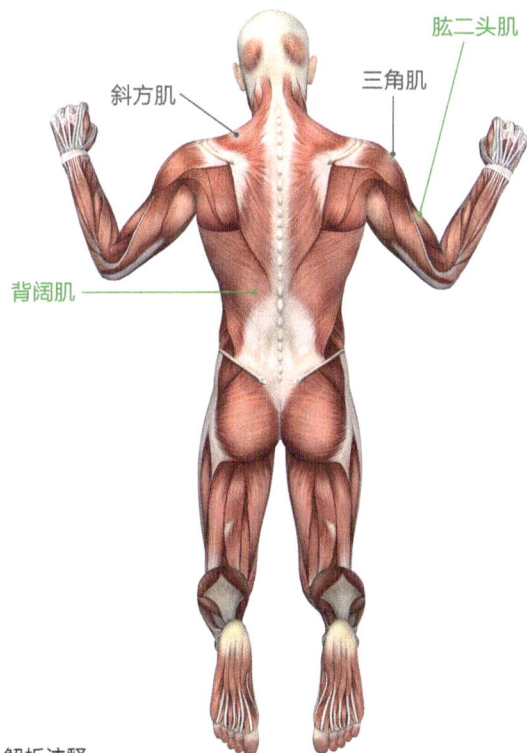

斜方肌

肱二头肌

三角肌

背阔肌

解析注释

- 绿色字体为主要锻炼的肌肉
- 灰色字体为次要锻炼的肌肉

锻炼的好处
增强手臂和背部的力量。

训练方法
3~4组，10~12次/组。

教练提示
运动中保持身体稳定。

训练难度 ★★
锻炼效果 ★★
肌肉群范围 ★★★

step **1** ▼

step1 双膝跪在器械的海绵靠垫上，身体挺直，双手向上握住手握把。双手之间的距离是肩宽的2倍。此时背阔肌处于自然牵拉状态。

POINT

- 可通过调节引体向上辅助器的负重，调节海绵靠垫对于身体的支持，改变练习的难易程度。

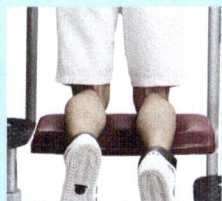

step **2** ▼

step **3** ▼

停顿
时间：2~3秒。

step2~3 然后背部和手臂肌肉群收缩，将身体向上拉，一直向上到最高位置，停顿2~3秒。

step **4** ▼

step **5** ▼

step4~5 接着控制好肌肉力量，让身体缓慢下降，返回到初始位置。重复动作。

03 宽握引体向上

肌肉图展示

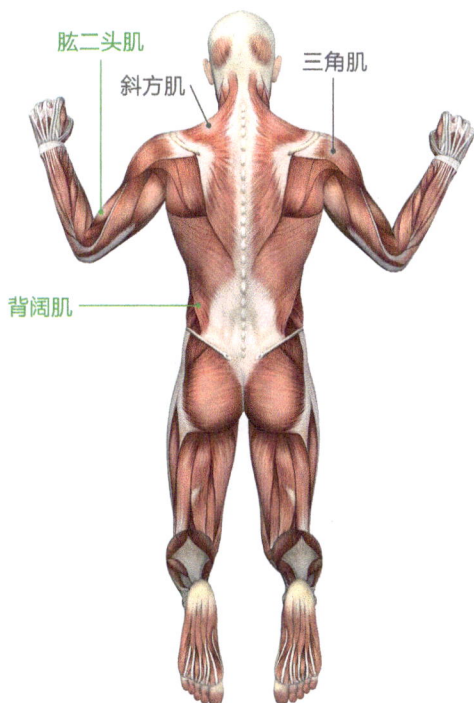

肱二头肌

斜方肌

三角肌

背阔肌

解析注释

- 绿色字体为主要锻炼的肌肉
- 灰色字体为次要锻炼的肌肉

锻炼的好处

增强背部和手臂的力量。

训练方法

3~4组，10~12次/组。

教练提示

下降时双脚不要挨地。

训练难度 ★★

锻炼效果 ★★

肌肉群范围 ★★★

step **1**▶

step1 在器械前站定，然后跃起，双手抓住手握把，双手之间的距离大于肩宽的2倍。双脚向后弯曲，身体保持自然下垂状态。此时背阔肌处于自然牵拉状态。

发力部位为背阔肌，且身体保持稳定。

step2~3 然后背部和手臂肌肉群收缩，将身体向上拉，一直向上到最高位置，停顿2~3秒。

停顿
时间：2~3秒。

step4~5 接着控制好肌肉力量，让身体缓慢下降，返回到初始位置。重复动作。

04 竖握引体向上

肌肉图展示

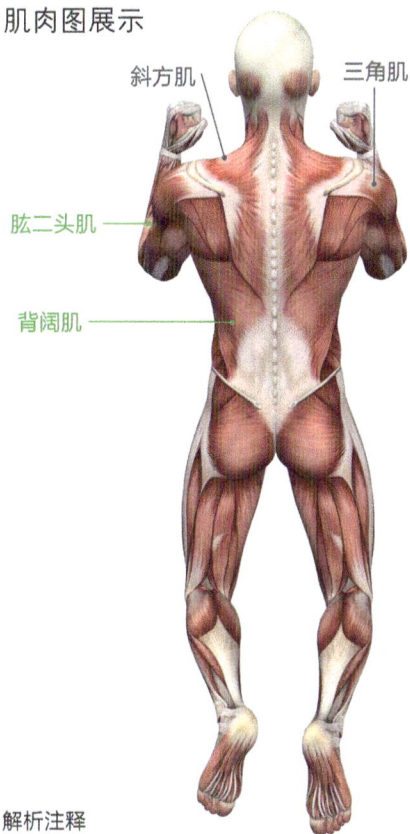

斜方肌

三角肌

肱二头肌

背阔肌

解析注释

- 绿色字体为主要锻炼的肌肉
- 灰色字体为次要锻炼的肌肉

锻炼的好处
增强背部和手臂的力量。

训练方法
3~4组，10~12次/组。

教练提示
下降时双脚不要挨地，身体保持稳定。

训练难度 ★★
锻炼效果 ★★
肌肉群范围 ★★★

step **1**▶

step1 在器械前站定，然后跃起，双手抓住竖握把。双手距离与肩同宽。保持身体自然下垂，且身体保持稳定。此时背阔肌处于自然牵拉状态。

POINT

- 观察达到运动顶点时背部肌肉群的状态，尤其是背阔肌，此时应处于收紧状态。

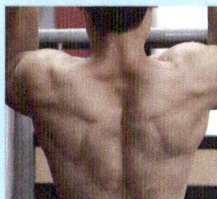

step **2**▶

step **3**▶

step2~3 然后背部和手臂肌肉群收缩，将身体向上拉，一直向上到最高位置，然后停顿2~3秒。

停顿
时间：2~3秒。

step **4**▼

step **5**▼

step4~5 接着控制好肌肉力量，让身体缓慢下降，返回到初始位置。重复动作。下降时双脚不要挨地，身形保持稳定。

下降时双脚不能挨地。

05 竖握引体向上（带辅助）

肌肉图展示

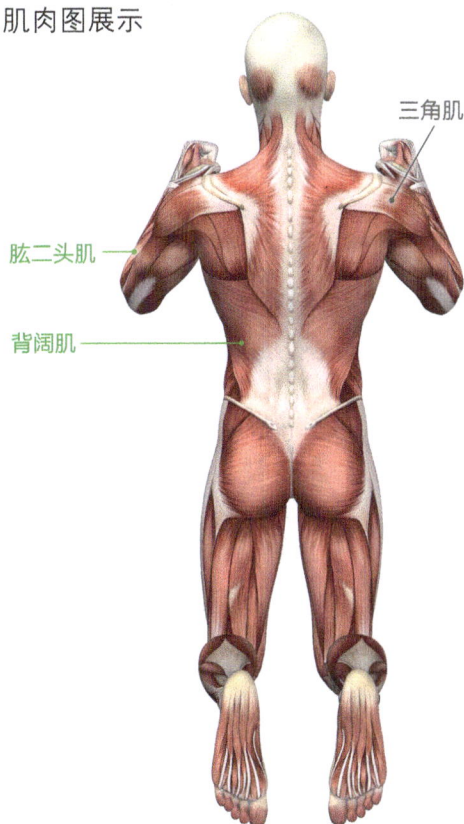

三角肌

肱二头肌

背阔肌

解析注释

- 绿色字体为主要锻炼的肌肉
- 灰色字体为次要锻炼的肌肉

锻炼的好处
增强背部和手臂的力量。

训练方法
3~4组，10~12次/组。

教练提示
下降时双脚不能挨地。

训练难度 ★★
锻炼效果 ★★
肌肉群范围 ★★★

step **1**▶

step1 双膝跪在器械的海绵坐垫上，身体挺直，双手向上握住竖握把。双手距离与肩宽相同。此时背阔肌处于自然牵拉状态。

step **2**▼

step **3**▼

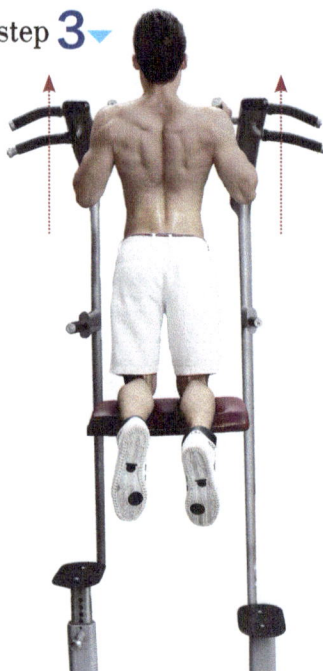

step2~3 然后背部和手臂肌肉群收缩，将身体向上拉，一直向上到最高位置，然后停顿2~3秒。

step **4**▼

step **5**▼

step **6**▼

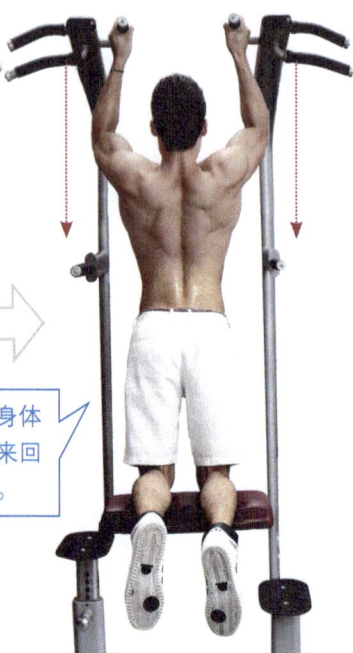

注意身体
不要来回
摆动。

step4~6 接着控制好肌肉力量，让身体缓慢下降，返回到初始位置。重复动作。

06 反握引体向上

肌肉图展示

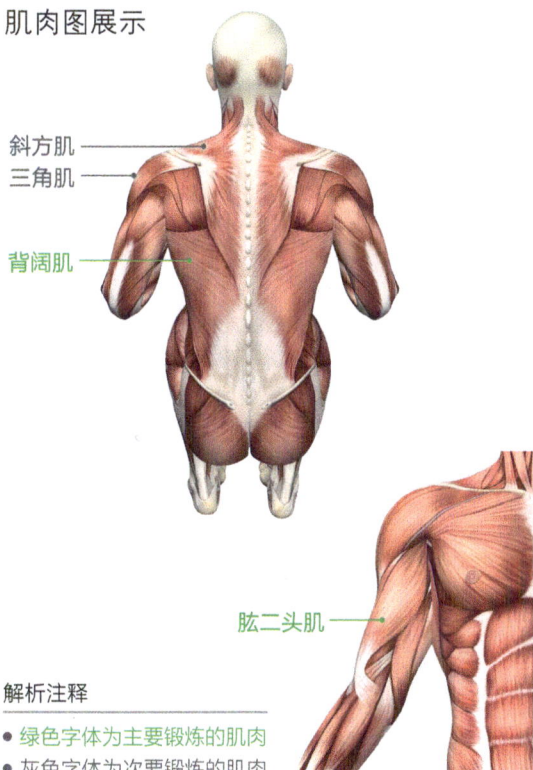

斜方肌
三角肌
背阔肌
肱二头肌

解析注释

● 绿色字体为主要锻炼的肌肉
● 灰色字体为次要锻炼的肌肉

锻炼的好处
增强背部和手臂的力量。

训练方法
3~4组，10~12次/组。

教练提示
肩部有损伤者，避免做此项运动。

训练难度 ★★
锻炼效果 ★★
肌肉群范围 ★★★

---

step **1**▶

step1 在单杠前站立，双脚自然开立，双手反握单杠，双手距离要合适。双脚上提，将身体悬在单杠上。此时背阔肌处于自然拉伸状态。

POINT

● 双手反握单杠。

step2 背部和手臂肌肉开始发力，带动身体向上运动。

手臂向下拉。

停顿
时间：2~3秒。

step 3 ▶

step3 身体一直向上到最高位置，下巴高过单杠的水平高度，然后停顿2~3秒。肌肉充分收缩。

step 4 ▶

step4 接着控制好背阔肌和手臂肌肉的力量，让身体缓慢下降，返回到初始位置。双脚不要挨地，身体保持稳定。重复动作。在日常锻炼中，可以循序渐进地增加动作次数。

肌肉图展示

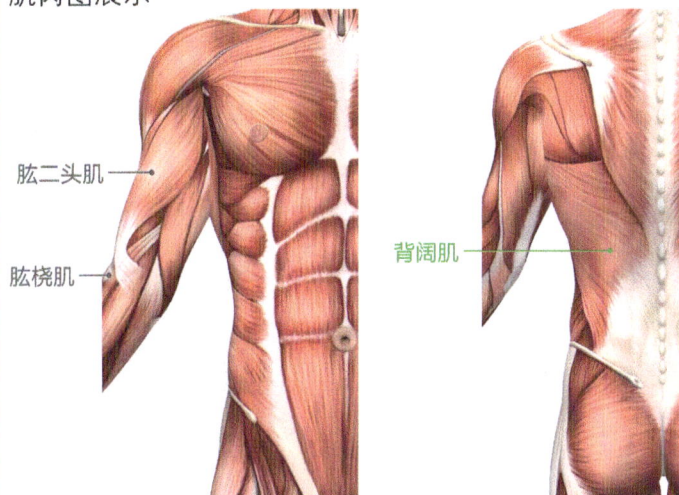

肱二头肌

肱桡肌

背阔肌

解析注释

- 绿色字体为主要锻炼的肌肉
- 灰色字体为次要锻炼的肌肉

锻炼的好处

增强背部的力量，辅练手臂。

训练方法

3~4组，10~12次/组。

教练提示

下拉时，注意不要过度使用手臂力量。

训练难度 ★★
锻炼效果 ★★
肌肉群范围 ★★★

POINT

- 在手臂用力上下拉动时，臀部不能离开海绵坐垫，需时刻保持坐在座椅上。

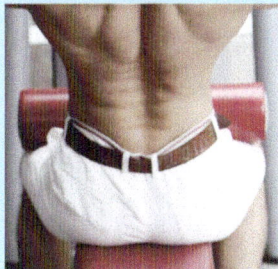

step **1**▶

step1 首先坐在高拉背训练器的座椅上，身体挺直，双手掌心向后反握训练器横杠手握把，并保持与肩同宽。胸部与手臂保持放松。

step **2**▶

step **3**▶

停顿
时间：2~3秒。

step2~3 双臂开始将横杠垂直下拉，从头部上方下拉至胸前，主要发力部位为背部的肌肉群。在背部肌肉处于"收缩顶峰"状态时，短暂停顿2~3秒。

step **4**▶

step **5**▶

step4~5 控制手臂与背部肌肉力量，缓慢使横杠回升，最终回至原位。重复动作，锻炼胸部肌肉。

08 划船机后拉

肌肉图展示

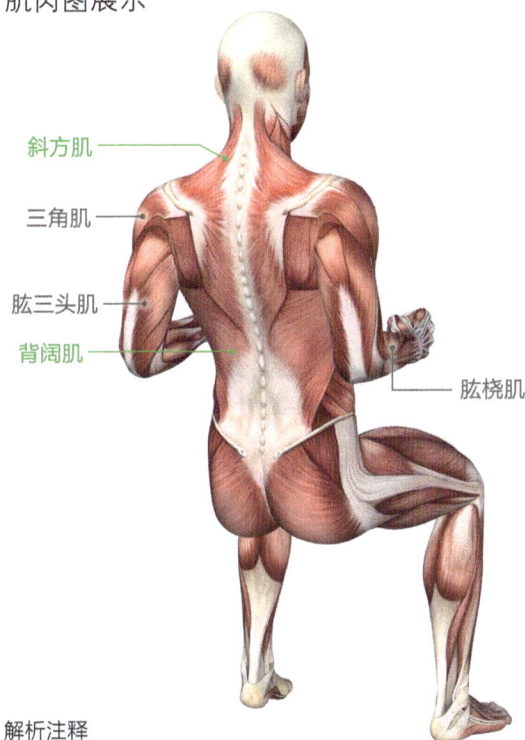

斜方肌
三角肌
肱三头肌
背阔肌
肱桡肌

解析注释

- 绿色字体为主要锻炼的肌肉
- 灰色字体为次要锻炼的肌肉

锻炼的好处

增强背部的力量，辅练肩部、手臂力量。

训练方法

3~4组，10~12次/组。

教练提示

肩部、肘部向后拉。动作返回时，手臂略弯曲，保持紧张感。

训练难度 ★★
锻炼效果 ★★★
肌肉群范围 ★★★★

记得在"顶峰收缩"状态时努力向中心挤压肩胛骨，使其获得充分的刺激。

step **1**▶

step1 端坐于划船机的海绵坐垫上，双手握住手握把。

POINT

- 座位下方有调节把手，可根据个人需要调节座位的高低。

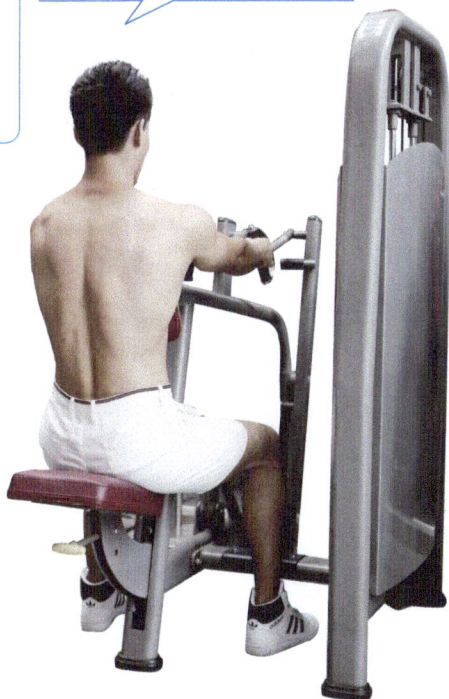

step **2** ▶

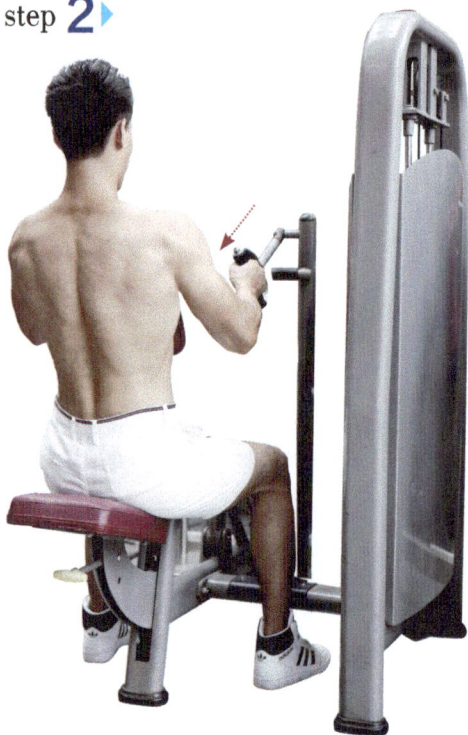

step2~3 背部肌肉收缩，带动肩胛骨、手臂移动，将手握把向后拉。注意向中间挤压两侧肩胛骨，并在动作的末端（顶点）稍微停顿。

step **3** ▶

停顿
时间：2~3秒。

向后用力握紧手握把。

144

step **4** ▶

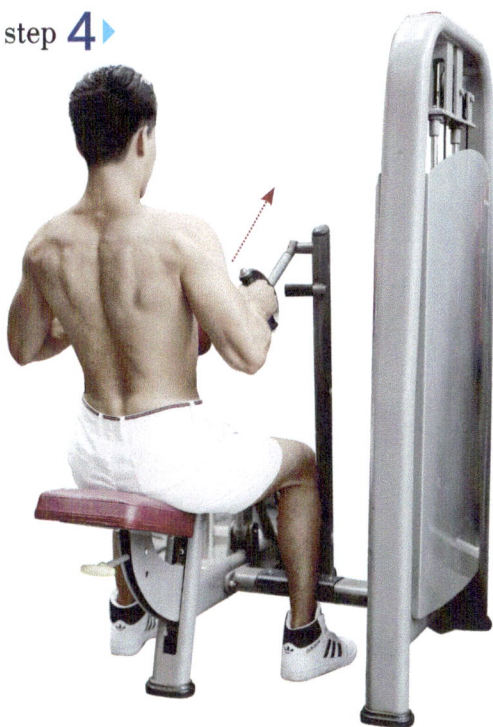

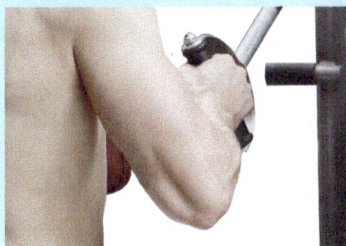

POINT
- 在做这个动作时，回位的速度不要过快，否则会造肘关节损伤。

step **5** ▶

step4~5 做返回动作时，手臂保持弯曲紧张，慢速回位，最终全身恢复到放松状态，锻炼完成。重复动作。

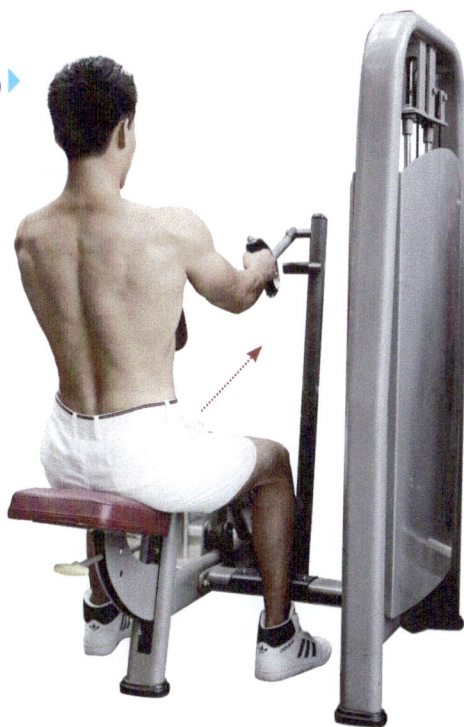

肌肉图展示

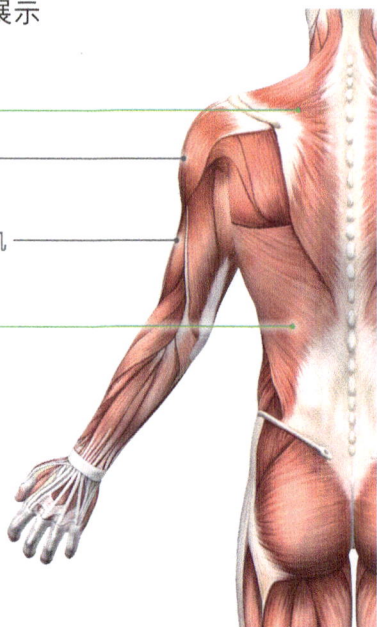

斜方肌 ————

三角肌 ————

肱二头肌 ————

背阔肌 ————

解析注释
- 绿色字体为主要锻炼的肌肉
- 灰色字体为次要锻炼的肌肉

锻炼的好处
增强背部的力量，辅练手臂。

训练方法
3~4组，10~12次/组。

教练提示
颈后下拉时，锻炼者要避免低头，否则会加大颈椎的负担。

训练难度 ★★
锻炼效果 ★★
肌肉群范围 ★★

step **1** ▶

step1 坐在高拉背训练器的海绵坐垫上，上身挺直，双腿保持稳定，双手握好手握把。

POINT

- 在准备好后，双腿用力夹紧座椅，要将横杆拉到脖子后。

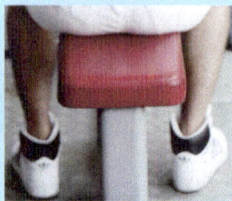

step 2 ▶

step2~3 利用背部和手臂力量向下拉，动作
固定后，保持背部和手臂肌肉群的收缩紧张
状态，停顿2~3秒。

step 3 ▶

停顿
时间：2~3秒。

step 4 ▶

step4 向上恢复至初始动作，重复此动作。颈后
下拉能大幅度地锻炼背阔肌，增加背阔肌的宽度，
但同时也会大幅度地挤压肩关节和肘关节，因此
锻炼要适度，并采用正确的锻炼姿势。

step **5** ▶

step5 用背部和手臂肌肉群的力量控制高拉背训练器，将其缓慢还原，避免臀部抬起。

step **6** ▶

慢慢将高拉背训练器还原。

握紧高拉背训练器的手握把。

step6 在还原时，手要握紧高拉背训练器的手握把，手臂肌肉紧绷，感受手臂的力量，不能直接松手或者抬起臀部等。重复动作。

10 高拉背训练器颈前下拉

肌肉图展示

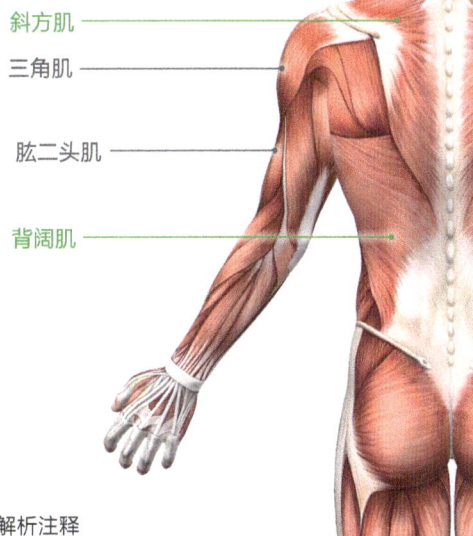

- 斜方肌
- 三角肌
- 肱二头肌
- 背阔肌

解析注释
- 绿色字体为主要锻炼的肌肉
- 灰色字体为次要锻炼的肌肉

锻炼的好处
增强背部的力量，辅练手臂。

训练方法
3~4组，10~12次/组。

教练提示
颈前下拉时，锻炼者要避免低头，否则会加大颈椎的负担。最好采用轻负重锻炼。

训练难度 ★★
锻炼效果 ★★
肌肉群范围 ★★

step **1** ▶

step1 稳坐于高拉背训练器的海绵坐垫上，双手保持宽握距，握住手握把。

POINT

- 在做整个动作过程中臀部始终不要离开座椅。两腿夹紧座椅。

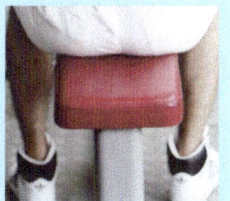

step **2** ▶

step2 然后动作开始，后背和两臂均衡用力，用背部肌肉和手臂群的力量从头上方位置垂直下拉。注意不要大力猛拉哦！

将高拉背训练器拉至胸前。

停顿
时间：2~3秒。

step **3** ▶

step3~4 拉低至胸前位置固定后，保持背部和手臂肌肉群的收缩紧张状态，停顿2~3秒，再缓慢向上还原。

POINT

- 在做这个动作时，后背要用力，下拉过程中向下沉和向中间挤压肩胛骨。

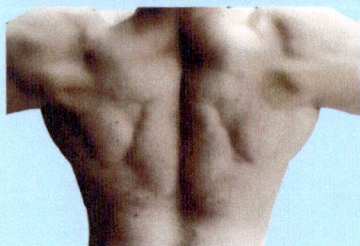

step **4** ▶

step5 高拉背训练器向上还原时，要注意速度，双腿夹紧座椅，依靠背部和手臂力量做此动作，主要练习的是背部的背阔肌。

step **6** ▶

手握较宽的位置。

step6 恢复至初始状态，重复动作。在完成动作的过程中，双臂用力要均衡，不要向下猛拉或还原时不控制肌肉力量，否则容易造成运动损伤。

11 史密斯机单臂划船

肌肉图展示

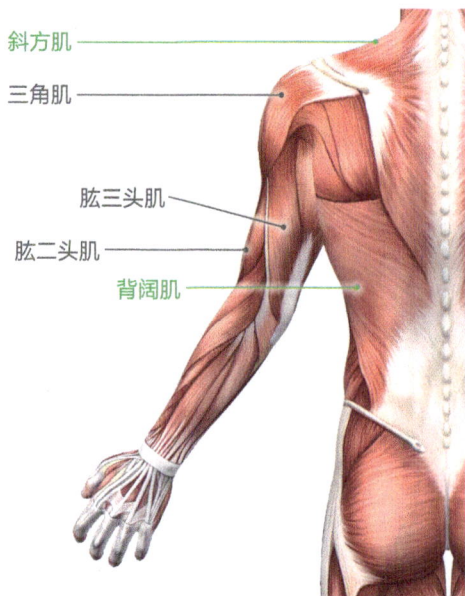

- 斜方肌
- 三角肌
- 肱三头肌
- 肱二头肌
- 背阔肌

解析注释

- 绿色字体为主要锻炼的肌肉
- 灰色字体为次要锻炼的肌肉

锻炼的好处
增强背部的力量，辅练手臂。

训练方法
3~4组，10~12次/组。

教练提示
从重量小的开始，在熟练后逐渐增加重量。

训练难度 ★★
锻炼效果 ★★★
肌肉群范围 ★★★

step **1**▶

step1 腰部以上前倾，与地面形成45度角。没有握杠铃杆的手放在同侧膝盖上，另一只手抓住杠铃的中间，解开杠铃使胳膊竖直下垂，并完全伸直，背部保持平坦，挺胸，膝部微屈。

step **2** ▼

step **3** ▼

为防止下背部受伤，请一直保持后背绷紧。

step2~3 用背部的爆发力以划船动作带动杠铃向上，同时保持肘部紧贴身体。

step **4** ▼

step **5** ▼

停顿
时间：2~3秒。

step4~5 在动作顶点时挤压背部，并停顿2~3秒，使肌肉保持紧张状态，以强化锻炼效果。控制好肌肉力量，让杠铃缓慢返回到开始动作，胳膊处于完全伸直状态。重复动作。

肌肉图展示

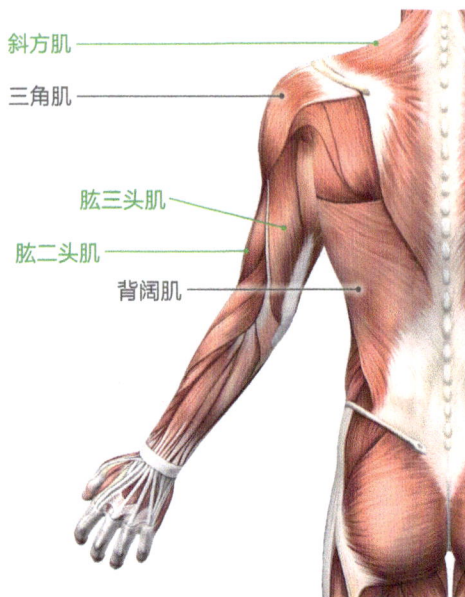

斜方肌

三角肌

肱三头肌

肱二头肌

背阔肌

解析注释

- 绿色字体为主要锻炼的肌肉
- 灰色字体为次要锻炼的肌肉

锻炼的好处

增强手臂及背部的力量。

训练方法

3~4组，10~12次/组。

教练提示

在背阔肌收缩的力量下，将身体尽量向上拉高，身体不要摆动。向上过程中要避免动作过快以防拉伤。

训练难度 ★★
锻炼效果 ★★
肌肉群范围 ★★★

屈肘时上拉速度不要太快，防止拉伤。

step **1**▶

step1 双手握住杠铃杆，握距宽于肩距，并保持身体在杠铃杆下方，在手臂及背阔肌收缩的力量下，将身体尽量向上拉高，身体不要摆动。

step 2 ▶

step2 在手臂及背阔肌收缩的力量下，将身体尽量向上拉高，注意上半身与肘部要保持稳定。

step 3 ▼

step3 继续缓缓上拉身体，直到胸部贴近杠铃杆，停顿2~3秒，充分刺激背阔肌收缩。

step 4 ▶

停顿
时间：2~3秒。

step4 用手臂及背部肌肉群控制身体慢慢放下，尽可能不要让身体摇摆。重复练习。

13 坐姿划船

肌肉图展示

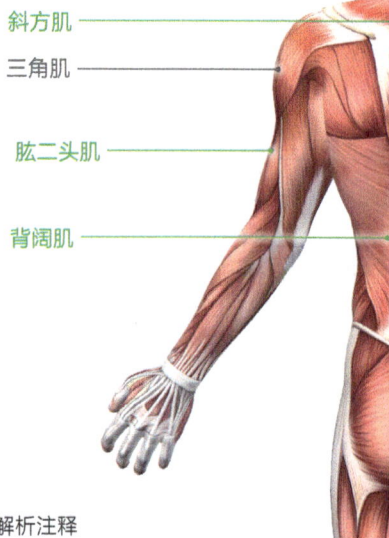

斜方肌
三角肌
肱二头肌
背阔肌

解析注释

● 绿色字体为主要锻炼的肌肉
● 灰色字体为次要锻炼的肌肉

锻炼的好处
增强手臂及背部的力量。

训练方法
3~4组，10~12次/组。

教练提示
上拉时保持躯体稳定，腰部收紧，以保持平衡。臀部后移时腿部用力。

训练难度 ★★
锻炼效果 ★★★
肌肉群范围 ★★★★

step **1**▶

step1 坐在低拉训练器的海绵坐垫上，双脚放在防滑踏板上，身体稍稍前倾，脚尖略微向内。双手握住手握把，双臂和低拉训练器手握把保持垂直，膝盖稍弯曲，眼睛向前向下望去。

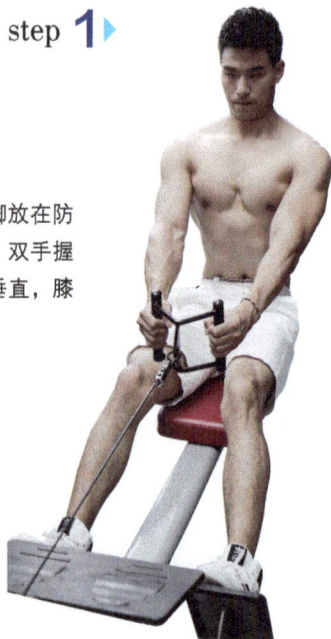

POINT

● 上拉时保持躯体稳定，腰部肌肉收紧。

 step 2▶

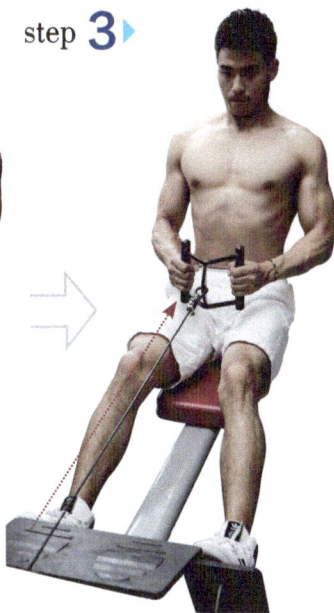 step 3▶

 step 4▶

step2~4 然后依靠手臂及背阔肌收缩的力量，双臂后拉。拉至肘部与背部平齐的位置。在动作顶点停顿2~3秒。

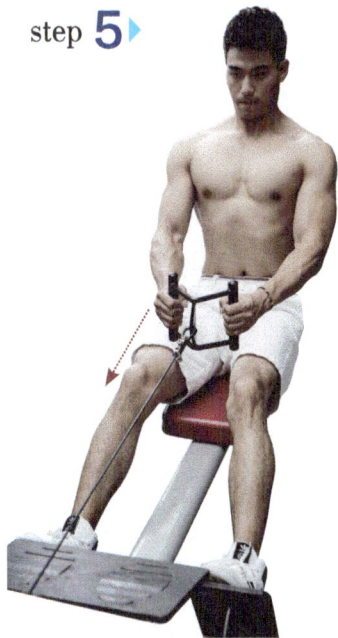 step 5▶

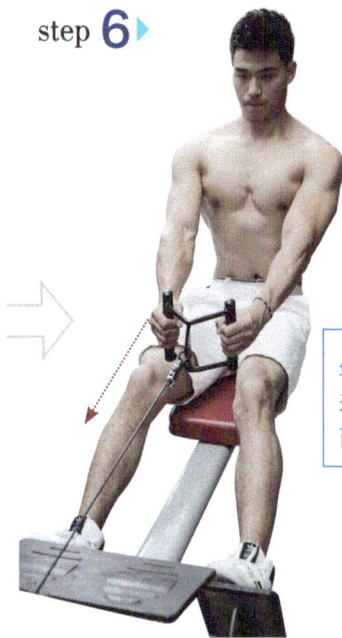 step 6▶

坐姿划船，主要力量来自背阔肌的收缩，而不是手臂肌肉。

step5~6 接着开始进行还原动作。还原过程中，身体也要保持平稳，不要摇摆，控制肌肉力量，最终还原至初始位置。重复动作。

肌肉图展示

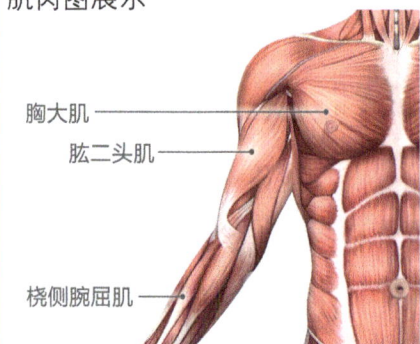

胸大肌

肱二头肌

桡侧腕屈肌

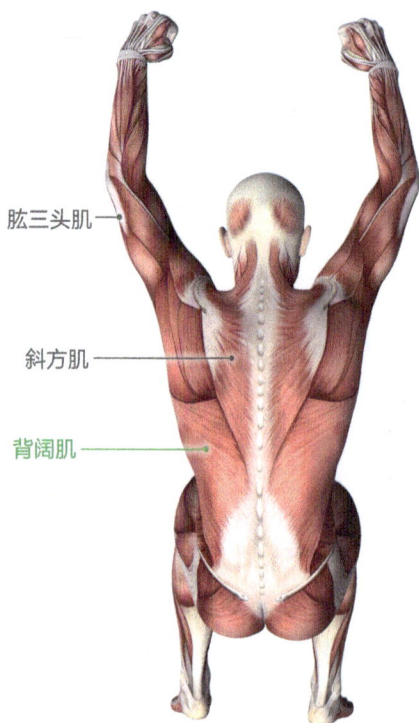

肱三头肌

斜方肌

背阔肌

解析注释

● 绿色字体为主要锻炼的肌肉
● 灰色字体为次要锻炼的肌肉

锻炼的好处

增强背部的力量，辅练手臂。

训练方法

3~4组，10~12次/组。

教练提示

在做还原动作时，不要完全放松肌肉，否则容易造成关节损伤。

训练难度 ★★
锻炼效果 ★★
肌肉群范围 ★★★

step **1**▶

step1 在器械座椅上坐好，双脚平放在地面上，上身伸直，与地面垂直。双手握好手握把，手心朝前。

step 2 ▶

step2 背部、双臂开始发力，向下拉伸，身体保持挺直。从头部上方下拉至横杠与肩部齐平，或拉至胸前位置。不要明显向后倾斜身体。

停顿
时间：2~3秒。

step 3 ▶

step3 在动作顶点，保持肘部紧绷，停顿2~3秒。

step 4 ▶

POINT

- 下拉过程中，肩部保持放松，依靠背阔肌的力量下拉，也不要耸肩。

step4 然后开始进行还原动作，向上时控制好背阔肌的力量，不能完全放松，要逐渐还原至初始位置。重复练习。

臀腿——"蜜桃臀"与大长腿，你需要练的都在这儿

扫码观看动作视频

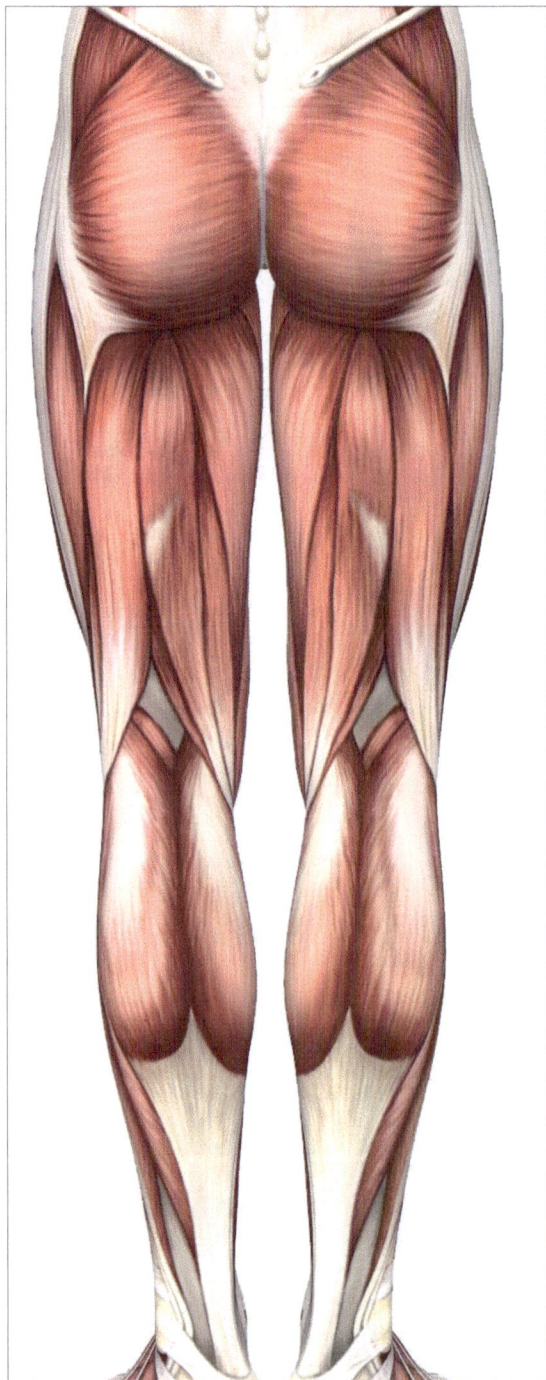

臀腿器械练习

　　臀部与腿部的锻炼经常是一起进行的。臀部是身体的中枢部位，腿部是身体重要的发力部位，这两者的训练十分重要，关系到整个身体锻炼的效果。另外，臀部与腿部肌肉对身体稳定性也有很大影响，是保障多种运动稳定性的基础。

额外的好处

　　臀部与腿部不但是我们身体的重要运动部位，也是身体健康的重要保证。如果长期静坐而不运动的话，会使下肢血液流通不畅，脂肪容易堆积，造成肥胖，进而带来与肥胖相关的多种病症。长期进行臀部与腿部锻炼，有助于我们保持身体健康。

01 杠铃硬拉

肌肉图展示

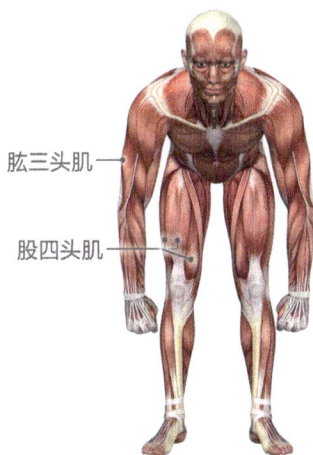

肱三头肌

股四头肌

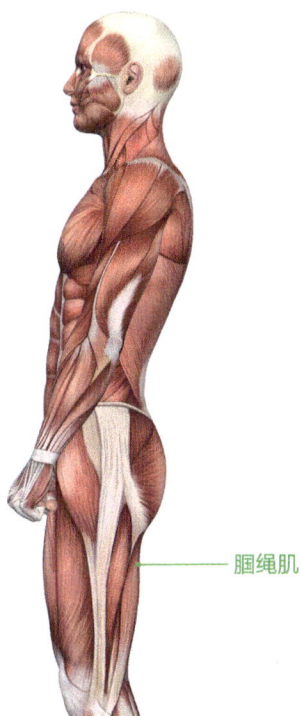

腘绳肌

解析注释

- 绿色字体为主要锻炼的肌肉
- 灰色字体为次要锻炼的肌肉

锻炼的好处

增强腿部后侧腘绳肌的力量，辅练手臂及臀部。

训练方法

3~4组，10~12次/组。

教练提示

抓握杠铃杆时要用双手抓牢，并且使杠铃杆尽量贴近身体，向上垂直提拉抬起。

训练难度 ★★★
锻炼效果 ★★
肌肉群范围 ★★★

step1 双脚开立，与肩同宽，身体保持平直状态，双手抓握杠铃杆，将杠铃杆放置于大腿前，双臂自然伸直。

step **1** ▶

提杠铃时要挺胸，腰部收紧，抬头。

step **2** ▶

• 抓握杠铃杆时注意身形稳定，腰背挺直，保持平衡。

step2~3 然后膝关节微屈，将杠铃下放，一直下放至接近地面的位置，在动作顶点停顿2~3秒。

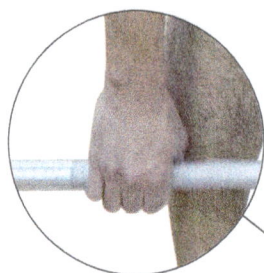

握紧杠铃杆。

step **3** ▶

停顿
时间：2~3秒。

step **4**▶

整个动作过程中，膝关节都保持微屈状态不变。

step4~6 接着做还原动作，上身逐渐抬起。重复动作。

step **5**▶

step **6**▶

腘绳肌是收缩的主要肌群。

02 史密斯机直腿硬拉

肌肉图展示

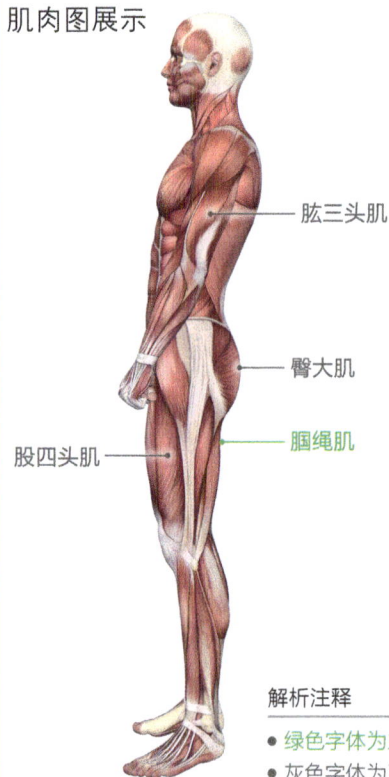

- 肱三头肌
- 臀大肌
- 腘绳肌
- 股四头肌

解析注释
- 绿色字体为主要锻炼的肌肉
- 灰色字体为次要锻炼的肌肉

锻炼的好处
增强腿部后侧腘绳肌的力量，辅练手臂及臀部。

训练方法
3~4组，10~12次/组。

教练提示
如果腰部有伤病，建议不要做此运动。

训练难度 ★★★
锻炼效果 ★★★
肌肉群范围 ★★★

POINT
- 全程核心收紧，腰背挺直。

step 1▶

step 2▶

step1~2 在杠铃前站定，上身前倾45度左右，翘臀，挺胸，腰部和背部的肌肉绷紧，双臂伸直，手握杠铃杆。做好准备工作后，双臂开始提起杠铃。

提杠铃时，头部抬起，腰腹部收紧。

step **3**▶

step **4**▶

停顿
时间：2~3秒。

step3~4 双膝微屈，向上提起杠铃，提拉至最高点时，双臂外展，充分刺激手臂肌肉，挺胸，抬头，停顿2~3秒。

step **5**▶

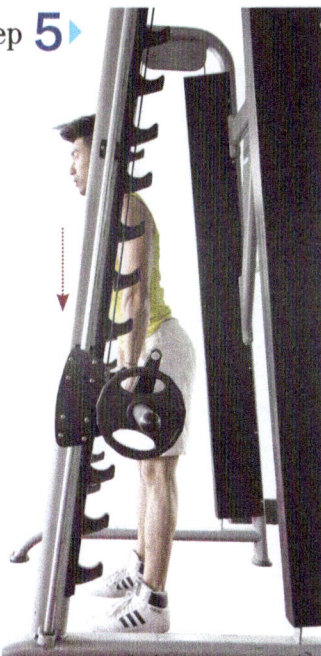

step **6**▶

step5~6 然后开始做返回动作。膝盖微屈，缓慢下降杠铃。这个运动过程中，腘绳肌的收缩感很明显。

肌肉图展示

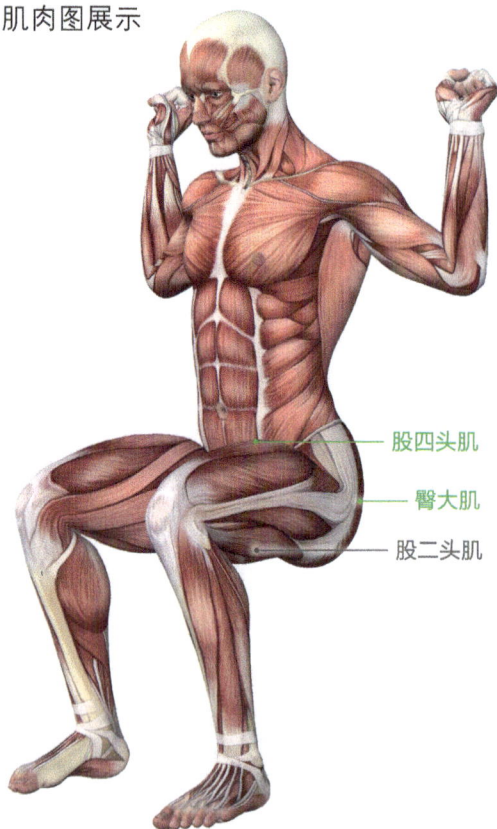

股四头肌

臀大肌

股二头肌

解析注释
- 绿色字体为主要锻炼的肌肉
- 灰色字体为次要锻炼的肌肉

锻炼的好处
增强腿部和臀部的力量。

训练方法
3~4组，10~12次/组。

教练提示
双脚位置适当改变的话，可以刺激臀部及大腿不同位置的肌肉，对臀大肌、股四头肌等都能起到刺激作用。

训练难度 ★★
锻炼效果 ★★
肌肉群范围 ★★★

step **1** ▶

step1 身体挺直站立，双脚之间的距离与肩宽相同，或者小于肩宽。收腹、挺胸，然后双手开始抓握杠铃杆，将其置于肩后颈部。

> 双脚位置适当改变的话，可以刺激大腿不同位置的肌肉。

停顿
时间：2~3秒。

step2~3 在肌肉的控制支撑下，身体重心开始下降，双膝逐渐弯曲，一直到膝关节与臀部保持在同一水平线上，然后停顿2~3秒。这样可以充分锻炼大腿肌肉。

step **4** ▶   step **5** ▶

step4~5 接着开始返回，身体重心缓慢上升至初始位置。重复动作。

肌肉图展示

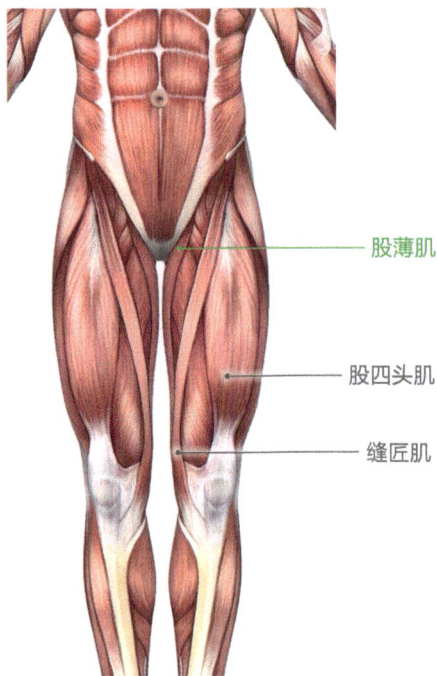

股薄肌

股四头肌

缝匠肌

解析注释

- 绿色字体为主要锻炼的肌肉
- 灰色字体为次要锻炼的肌肉

锻炼的好处
增强腿部的力量。

训练方法
3~4组，左右侧各10~12次/组。

教练提示
小腿抬起的同时，大腿不要前后摇晃。

训练难度 ★★
锻炼效果 ★★
肌肉群范围 ★★★

step **1**▶

step1 在器械前站立，双臂适当展开，左腿靠在海绵轴上。

大腿不要来回摆动，同时注意保持身体平衡。

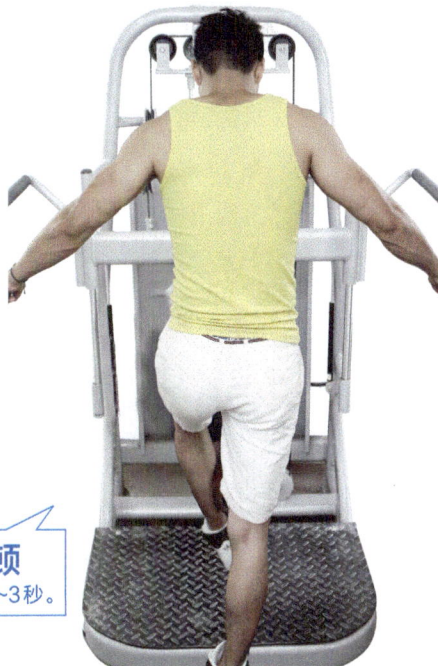

停顿
时间：2~3秒。

双臂一直保持在两侧
并伸直，有利于保持
身体平衡。

POINT

• 双手握拳时，保持掌心相对。运动
过程中，双臂向两侧完全伸展。小
腿尽量向内侧用力。

step2~4 抬腿，用摆腿机内侧摆腿，锻炼
腿部肌肉，如股薄肌等大腿内侧肌群。在抬
至极限时，停顿2~3秒。最后小腿自然下垂，
回到初始位置。换腿重复动作。

05 髋臀部训练机前后摆腿（正后）

肌肉图展示

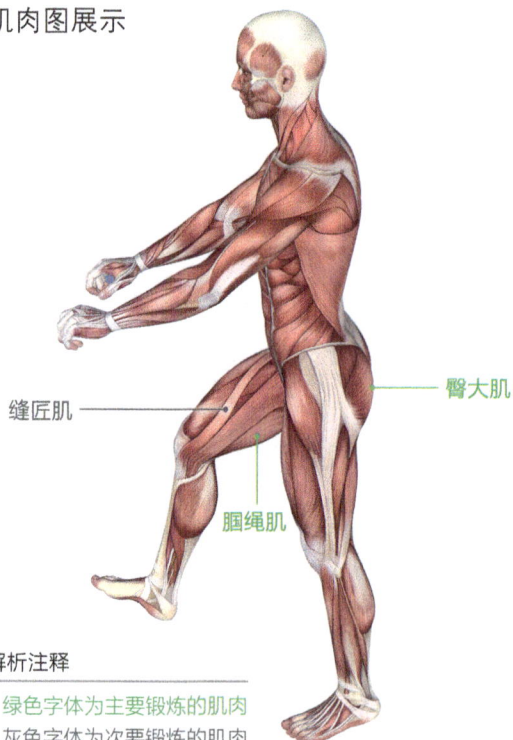

缝匠肌 —————

臀大肌

腘绳肌

解析注释

- 绿色字体为主要锻炼的肌肉
- 灰色字体为次要锻炼的肌肉

锻炼的好处
增强腿部和臀部的力量。

训练方法
3~4组，左右侧各10~12次/组。

教练提示
动作过程中臀大肌用力，抬腿至极限时收缩臀部肌肉1秒。

训练难度 ★★
锻炼效果 ★★
肌肉群范围 ★★★

step1~2 在器械前站立，双手握住手握把，右腿后方靠在海绵轴上。右腿向后向上弯曲。

step **1**▶

step **2**▶

大腿要保持稳定，身体保持平衡。

step3 右腿继续向后向上弯曲，一直到动作的极限，在动作顶点时停顿2~3秒。

停顿
时间：2~3秒。

step **4**▶

此动作的训练强度为中低强度水平。

step4 控制好肌肉的力量，使右腿返回到初始位置。重复动作。

06 髋臀部训练机前后摆腿（斜后）

肌肉图展示

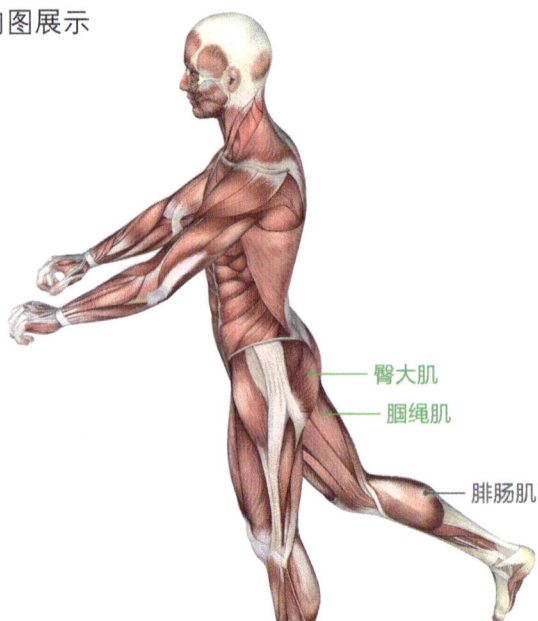

臀大肌
腘绳肌
腓肠肌

解析注释
- 绿色字体为主要锻炼的肌肉
- 灰色字体为次要锻炼的肌肉

锻炼的好处
增强腿部和臀部的力量。

训练方法
3~4组，左右侧各10~12次/组。

教练提示
小腿抬起的同时，大腿不要前后摇晃。

训练难度 ★★
锻炼效果 ★★
肌肉群范围 ★★★

step1~2 在器械前站立，双手握住手握把，右腿后方靠在海绵轴上。左脚站在器械底座边缘，身体略向左倾，注意保持平衡。

step **1**▶

step **2**▶

step **3**▼

step3 右腿向后向上弯曲，一直到动作的极限，在动作顶点时停顿2~3秒。

停顿
时间：2~3秒。

step **4**▼

step **5**▼

注意：弯起小腿时，不要让大腿前后摆动。此训练的强度为中低强度。

step4~5 控制好肌肉的力量，使右腿返回到初始位置。重复动作。

07 坐姿水平蹬腿

肌肉图展示

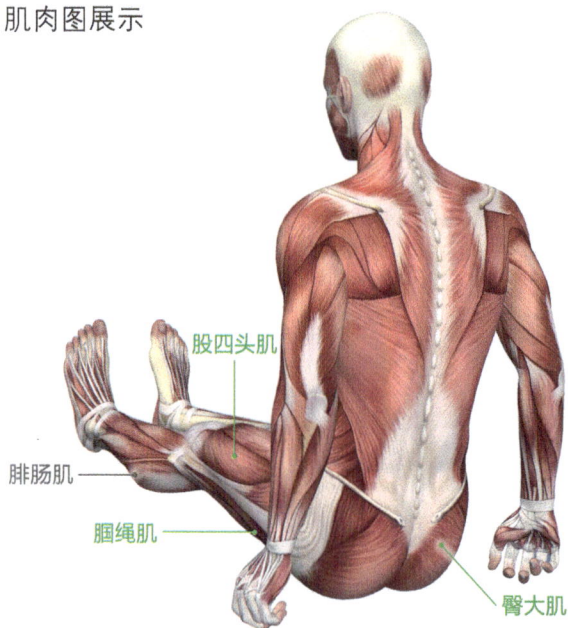

- 股四头肌
- 腓肠肌
- 腘绳肌
- 臀大肌

解析注释

- 绿色字体为主要锻炼的肌肉
- 灰色字体为次要锻炼的肌肉

锻炼的好处
增强腿部和臀部的力量。

训练方法
3~4组，10~12次/组。

教练提示
在腿部蹬直时，膝盖不要锁死，避免发生损伤。

训练难度 ★★
锻炼效果 ★★
肌肉群范围 ★★★

step **1**▶

step1 在器械上坐好，背部紧贴海绵靠垫，双手扶好海绵坐垫，双脚向前踩实防滑踏板，目视前方，保持平衡。

上背部紧贴海绵靠垫，双手扶好海绵坐垫。

step **2** ▶

POINT

- 在腿部蹬直时，膝盖不要锁死，避免发生损伤。

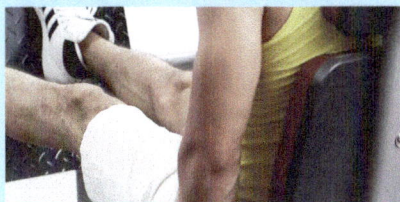

step **3** ▶

停顿
时间：2~3秒。

step2~3 然后大腿前侧、后侧，以及臀部的肌肉，全部同时用力，蹬踏板，一直持续至双腿伸直，并在动作顶点停顿2~3秒。过程中保持挺胸、收腹。

step **4** ▶

动作中上半身不要前倾，避免给腰部造成压力。

step4 接着开始进行还原动作，屈膝慢慢回到初始位置。重复动作。

08 坐姿屈腿器腿屈伸

肌肉图展示

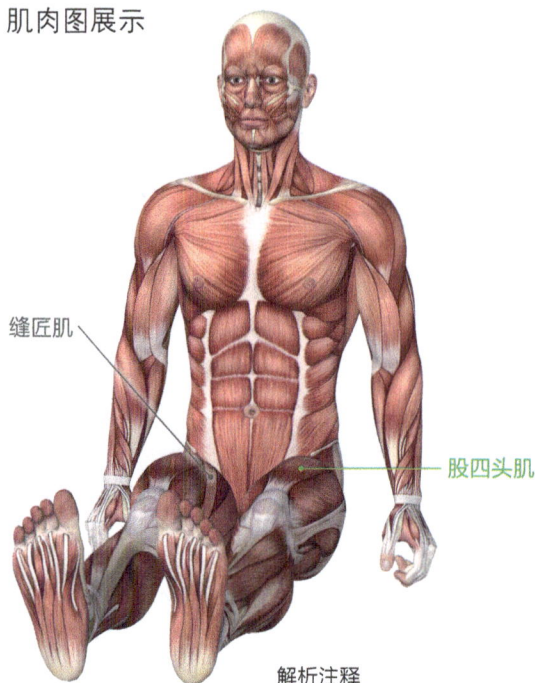

缝匠肌

股四头肌

解析注释

• 绿色字体为主要锻炼的肌肉
• 灰色字体为次要锻炼的肌肉

锻炼的好处

增强腿部前侧股四头肌的力量。

训练方法

3~4组，10~12次/组。

教练提示

动作过程中始终保持脚尖勾起，充分刺激腿部肌肉。

训练难度 ★★
锻炼效果 ★★
肌肉群范围 ★★★

step 1 ▶

step1 在器械上坐好，双手扶好手握把，背部紧贴海绵靠垫。双脚放在压腿海绵下方，固定双腿。

step 2 ▶

step 3 ▶

停顿
时间：2~3秒。

动作过程中始终保持脚尖勾起，充分刺激腿部肌肉。

step2~3 然后在保持上身稳定的前提下，大腿前侧股四头肌收缩，伸直双腿，带动压腿海绵上升，在动作顶点时充分收缩股四头肌，并停顿2~3秒。

step 4 ▶

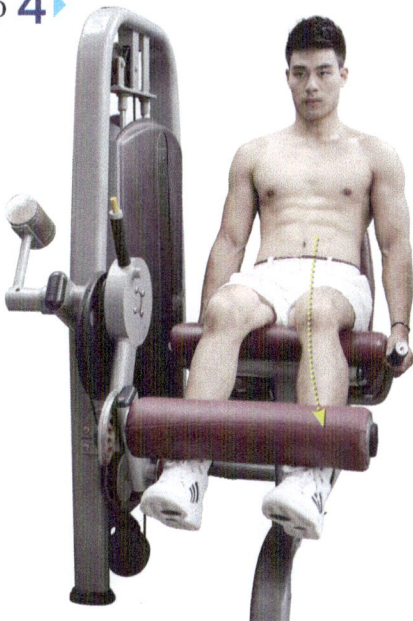

step 5 ▶

step4~5 接着在大腿肌肉的控制下，将双腿缓慢放下，直至回到初始位置。重复动作。注意后背一直紧贴海绵靠垫。

肌肉图展示

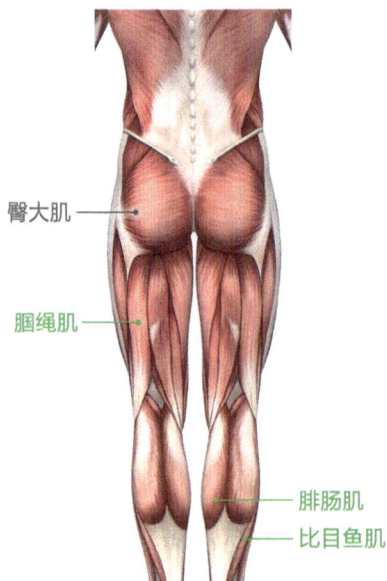

臀大肌 ——

腘绳肌 ——

—— 腓肠肌

—— 比目鱼肌

解析注释

- 绿色字体为主要锻炼的肌肉
- 灰色字体为次要锻炼的肌肉

锻炼的好处

增强小腿后侧肌肉的力量。

训练方法

3~4组，10~12次/组。

教练提示

此项练习中或练习后，小腿产生酸胀感是正常的。

训练难度 ★★
锻炼效果 ★★
肌肉群范围 ★★

step1~2 站在踏板上，双手握紧杠铃，手心向前，双手距离大于肩宽，将杠铃置于肩后颈部，身体直立，收腹挺胸，双脚稍稍后撤，脚后跟悬空。然后脚后跟向下压，在动作顶点停顿2~3秒。

step **1**▶

step **2**▶

停顿
时间：2~3秒。

step **3** ▶

step **4** ▶

step3~4 接着开始向上提踵，脚后跟尽可能地向上提。另外要保持规范的动作，这样才能避免运动损伤。

step **5** ▶

完成动作时不要屈膝、屈体，控制重心不要有意前移。

step **6** ▶

step5~6 继续向上提踵，充分刺激小腿肌肉。在动作的顶点后，逐渐向下还原。重复练习。在做动作的过程中，身体特别是膝部，要保持平直，不要随意移动。

10 俯卧腿屈伸

肌肉图展示

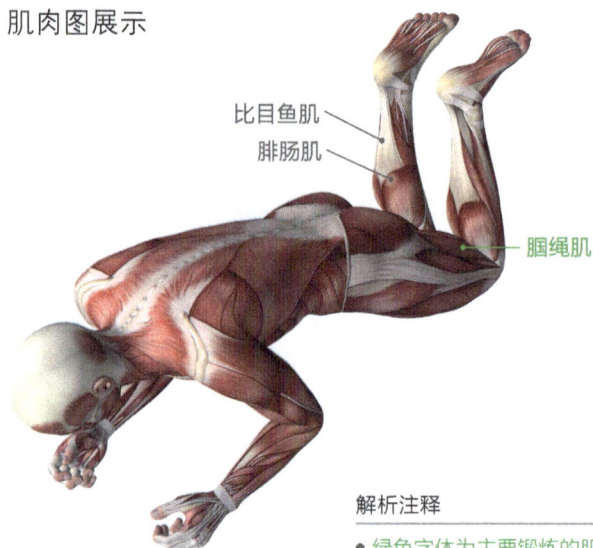

比目鱼肌

腓肠肌

腘绳肌

解析注释

- 绿色字体为主要锻炼的肌肉
- 灰色字体为次要锻炼的肌肉

锻炼的好处

增强腿部后侧腘绳肌的力量。

训练方法

3~4组，10~12次/组。

教练提示

如果腿部后侧肌肉有伤病，建议不要做此运动。

训练难度 ★★
锻炼效果 ★★
肌肉群范围 ★★

step1 在海绵靠垫上俯卧，将双侧小腿下三分之一固定在勾脚海绵下方，双手握手握把，选择合适的重量。

step **1**▶

step **2** ▶

大腿平贴海绵靠垫。

step **3** ▶

停顿
时间：2~3秒。

• 在做这个动作时，需要将大腿平贴在海绵靠垫上，不抬起臀部。

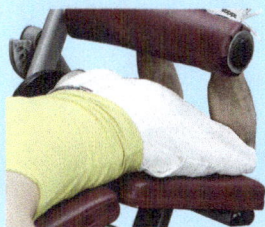

step2~3 开始做勾腿动作，小腿勾起，在动作顶点时，紧缩腘绳肌，停顿2~3秒。然后将小腿还原到初始位置。重复动作。

肌肉图展示

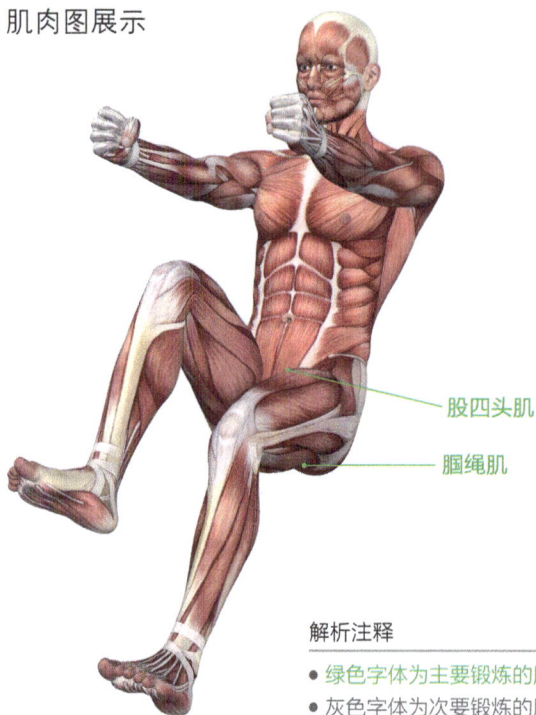

股四头肌

腘绳肌

解析注释

● 绿色字体为主要锻炼的肌肉
● 灰色字体为次要锻炼的肌肉

锻炼的好处
增强腿部的力量。

训练方法
3~4组，5分钟/组。

教练提示
腿部有伤痛者，避免做此项运动。

训练难度 ★★
锻炼效果 ★★
肌肉群范围 ★★

step **1** ▶

step1 在动感单车上坐好，双手紧握手握把，背部紧贴海绵靠垫。把手不要太高，否则训练者会因为用力握手握把而导致腹部不能得到锻炼，手臂和肩颈也会感到不适。

step **2** ▶

调到一个适当的数值。

step2~3 然后双腿开始踏板运动。选择合适的阻力指数，并且让大腿充分伸展。

step **3** ▶

POINT

- 将身体姿势调整到舒服的状态，锻炼效果会更好。

肌肉图展示

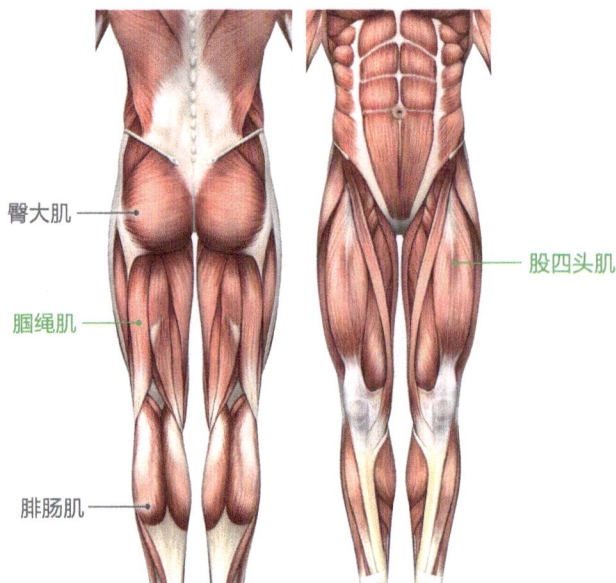

臀大肌

腘绳肌

腓肠肌

股四头肌

解析注释

- 绿色字体为主要锻炼的肌肉
- 灰色字体为次要锻炼的肌肉

锻炼的好处

增强腿部的力量，辅练臀部。

训练方法

3~4组，5分钟/组。

教练提示

注意脚趾不要朝下，否则容易导致脚部麻木和关节发炎。脚掌踩在踏板中间，双脚尽量与地面平行。

训练难度 ★★
锻炼效果 ★★
肌肉群范围 ★★★

step **1** ▶

step1 在动感单车上坐好，双手紧握手握把，背部紧贴海绵靠垫。刚开始进行单车练习的话，从2~3级的强度开始，在熟练掌握后，可逐步增加强度。

此处可以调节动感单车的强度。

step2~5 然后双腿开始踏板运动。选择合适的阻力指数，并且让大腿充分伸展。

大腿要伸展开，因为大腿
是单车训练的重要部位。

step **4**▶

step **5**▶

13 立式自行车（上握、中握）

肌肉图展示

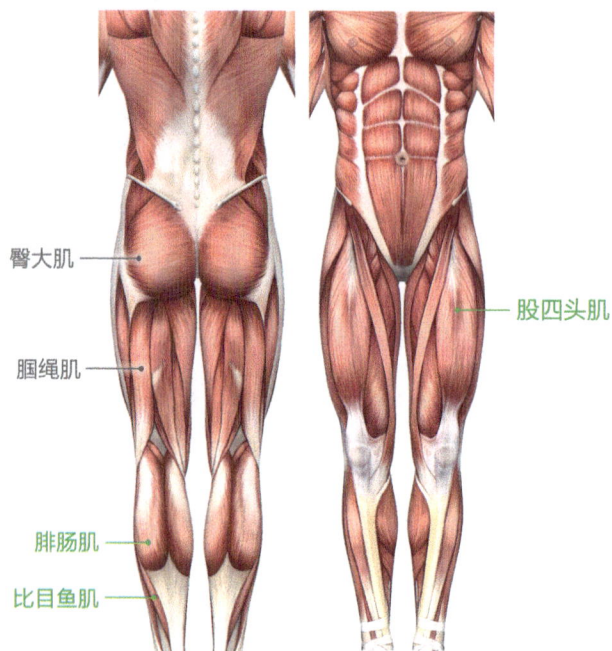

臀大肌

腘绳肌

腓肠肌

比目鱼肌

股四头肌

解析注释

- 绿色字体为主要锻炼的肌肉
- 灰色字体为次要锻炼的肌肉

锻炼的好处

增强腿部的力量，辅练臀部。

训练方法

3~4组，5分钟/组。

教练提示

如果腿部有伤病，建议不要做此运动。

训练难度 ★★★

锻炼效果 ★★★

肌肉群范围 ★★★

step **1** ▶

step1 在立式自行车上坐好，双手扶住手握把，抬头挺胸，上半身稍稍前倾，目视前方。

POINT

- 在骑立式自行车时，最好用脚踩蹬整圈，且脚掌位于踏板正中位置，始终保持脚掌与地面平行。

step **2** ▶

注意腰部收紧。

⇒

step **3** ▶

step **4** ▶

• 脚掌踩在踏板中间，双脚尽量与地面平行。

step2~4 然后双腿开始进行踏板运动。选择合适的阻力指数，并且让大腿充分伸展。刚开始进行立式自行车练习的话，应从低强度开始，在熟练掌握后，可逐步增加强度。

14 登山机（窄握半蹲身体）

肌肉图展示

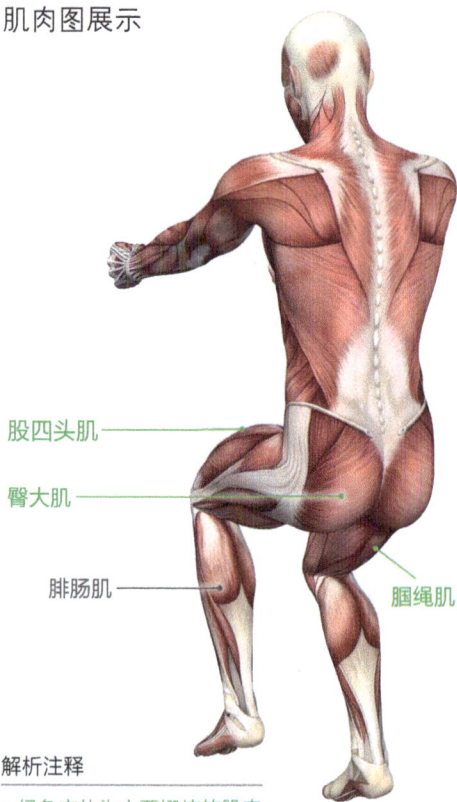

股四头肌

臀大肌

腓肠肌

腘绳肌

解析注释

- 绿色字体为主要锻炼的肌肉
- 灰色字体为次要锻炼的肌肉

锻炼的好处

增强腿部和臀部力量。

训练方法

3~4组，5分钟/组。

教练提示

注意脚掌要踩实踏板，身体保持平衡，肩部放松。踩踏时步长最好相同。

训练难度 ★★★
锻炼效果 ★★★
肌肉群范围 ★★★

握住手握把上部。

step 1 ▶

step1 在登山机上呈半蹲状态，双手握住手握把，抬头挺胸，上半身稍稍前倾，目视前方。

step **2** ▶

step **3** ▶

step2~3 然后双腿开始进行踏板运动。注意要使身体一直处于平衡状态，且脚不要离开踏板。

step **4** ▶

肩部放松，身体平衡，踩踏时步长最好相同。

step **5** ▶

step4~5 持续运动下去。这种带有坡度的器械，可以逐步提升训练强度、难度，以获得更好的锻炼效果。

15 登山机（窄握直立身体）

肌肉图展示

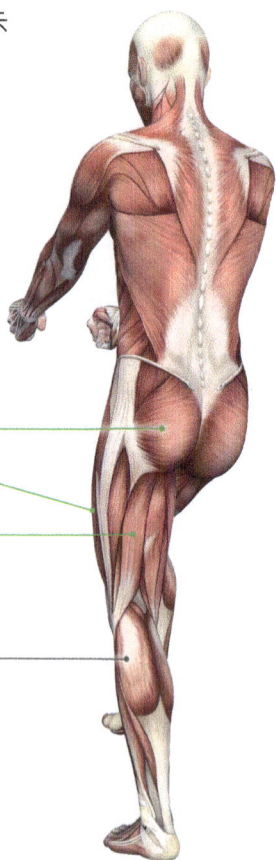

臀大肌

股四头肌

腘绳肌

腓肠肌

解析注释

- 绿色字体为主要锻炼的肌肉
- 灰色字体为次要锻炼的肌肉

锻炼的好处
增强腿部和臀部力量。

训练方法
3~4组，5分钟/组。

教练提示
运动时全程保持脚掌接触踏板。步长要均匀。

训练难度 ★★
锻炼效果 ★★
肌肉群范围 ★★

step **1**▶

step1 在登山机上站好，双手握住手握把，抬头挺胸，上半身稍稍前倾，目视前方。

step **2**▶

step2 选择左右相同的阻力，开始进行运动。
注意双脚要踩实踏板，腿避免伸得太直。在运
动前最好先进行简单热身。

step **3**▶

step **4**▶

step3~4 运动时膝关节微屈，身体保持平衡，步长一致，随着节奏持续运动。

16 登山机（横握、宽握）

肌肉图展示

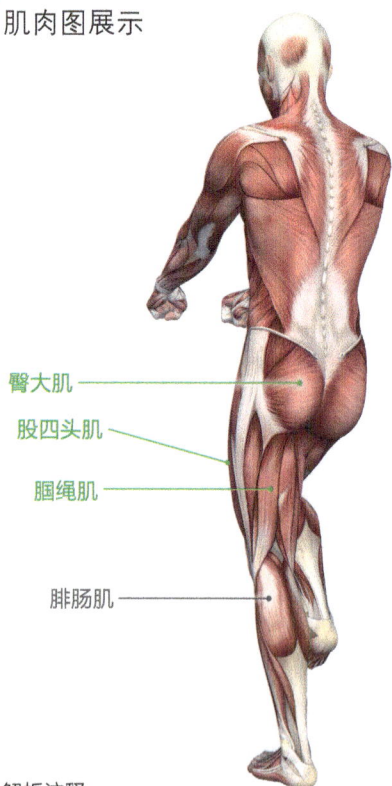

臀大肌
股四头肌
腘绳肌

腓肠肌

解析注释
- 绿色字体为主要锻炼的肌肉
- 灰色字体为次要锻炼的肌肉

锻炼的好处
增强腿部和臀部的力量。

训练方法
3~4组，5分钟/组。

教练提示
身体保持平衡，肩部放松。踩踏时步长最好相同。

训练难度 ★★
锻炼效果 ★★
肌肉群范围 ★★

step **1** ▶

step1 在登山机上站好，双手扶住前面的横杆手握把，抬头挺胸，上半身稍稍前倾，目视前方。

step **2**▶

POINT

• 在动作过程中，注意膝关节微屈，腿不要太直。

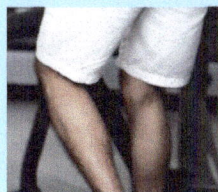

采用合适的阻力，坚持不了很长时间，达不到理想的效果。

step **3**▶

step **4**▶

step2~4 选择合适的阻力，膝关节微屈，身体保持平衡，步长一致，随着节奏持续运动。

17 跑步机

肌肉图展示

解析注释

● 绿色字体为主要锻炼的肌肉
● 灰色字体为次要锻炼的肌肉

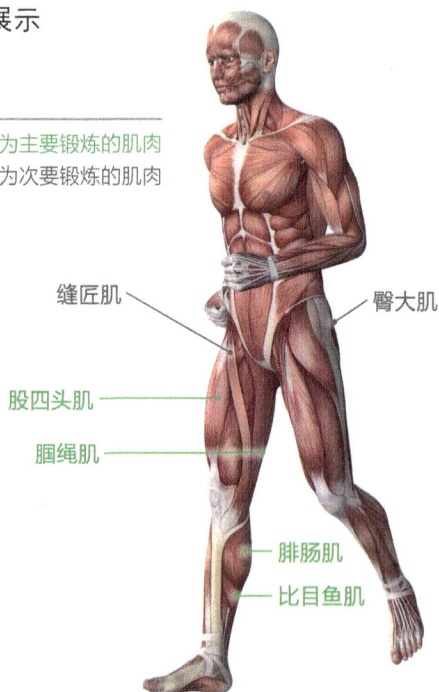

缝匠肌

臀大肌

股四头肌

腘绳肌

腓肠肌

比目鱼肌

锻炼的好处
增强腿部力量与心肺功能。

训练方法
3~4组，5~10分钟/组。

教练提示
每次脚下落时，膝关节微屈，防止对膝关节造成损伤。

训练难度 ★★
锻炼效果 ★★★
肌肉群范围 ★★★

step 1▶

step1 自然地站在跑步机上，调整好速度和节奏，使身体肌肉稍带有紧张感。做好准备工作后，开始跑步。注意双臂放松，并保持身体平衡。

step 2 ▶

step 3 ▶

step2~3 在脚步落地的过程中，膝关节微屈，以此缓冲着地时的压力。

step 4 ▶

腰部自然挺直，
但不要太直。

step 5 ▶

step4~5 按照合适的节奏持续跑。

犒劳自己！训练这么辛苦，来拉伸放松吧

为什么要拉伸，有什么益处

扫码观看动作视频

缓解肌肉紧张

在运动后，肌肉往往还处于紧张和收缩状态，运动后进行拉伸，可以使肌肉恢复到原来的长度和状态，从而消除疲劳感。

强化身体柔韧度

拉伸不仅可以恢复肌肉的弹性，还可以增加肌肉的柔韧性，扩大身体各关节的活动范围，使身体变得柔软而协调。

使身体线条更明显

拉伸后的肌肉更加纤长，线条结实而流畅，长期的拉伸训练，可以使身体看起来挺拔、结实而苗条。

快速排出乳酸

乳酸是身体在运动过程中产生的能量代谢产物，它会滞留在肌肉中，造成肌肉酸痛。

运动有低强度运动，也有高强度运动。低强度运动中，身体主要通过有氧途径分解体内的糖分和脂肪产生能量，但是高强度运动时身体需要更多更快的能量来维持运动，此时身体会通过无氧途径分解体内的糖分，此时会产生乳酸。如果乳酸积累过多，肌肉就会产生酸痛感。

运动后的拉伸动作，可以加速血液循环，使乳酸快速、及时地排出体外，从而缓解运动后的酸痛感。

全身拉伸

主要锻炼部位	全身各个部位
锻炼次数	左右侧各15秒/次，2次

双脚距离是肩宽的两倍，弯曲膝盖，采取马步的姿势。双手放在膝盖上，脚尖朝向外侧。将右臂垂直向外打开，同时右侧肩膀朝大腿内侧压下，利用手臂上承受的重量将大腿内侧朝外推开。这样上身会转向左侧，颈部和视线也向着左边。换个方向重复以上动作。

拉伸小腿

主要锻炼部位	小腿
锻炼次数	15秒/次，2次

单腿向前跨一步，弯曲膝盖，保持前马步姿势，使你的头部和上半身呈直线状态，双手置于前面一条腿的膝盖上方。在前腿进行屈膝动作时，将后腿用力伸展开。此时后腿的脚后跟不要离地。然后换一条腿，重复动作。

大腿内侧拉伸

主要锻炼部位 ▷ 大腿内侧	锻炼次数 ▷ 左右侧各15秒/次，2次

寻找一个高度合适的栏杆状物体，将要拉伸的腿平放在栏杆上，膝盖伸直。上半身前倾，向腿部靠近，双手可以握住栏杆辅助用力，也可以放在腿上辅助用力。按照节拍呼吸后，上身前倾压腿，压至最大程度，前倾过程中呼气。支撑腿保持放松。在拉伸15秒后，换腿重复动作。

小腿、大腿后侧拉伸

主要锻炼部位 ▷ 小腿、大腿后侧
锻炼次数 ▷ 15秒/次，2次

身体直立，双脚开立，与肩同宽。左脚前迈，用左手的手指抓住左脚前脚掌向身体方向拉，臀部用力向后推。右手放在右腿的膝盖上，膝盖尽量不要弯曲。

大腿前侧拉伸 1

主要锻炼部位 ▶ 大腿前侧

锻炼次数 ▶

左右侧各4~6次，20秒/次

身体向右前方站直，左腿向后向上弯曲，同时左手握住弯曲处的踝关节，右腿直立，膝关节尽量保持平直不动，感受大腿前侧的拉伸，注意保持平衡，更充分地拉伸大腿前侧。换腿重复动作。

小腿拉伸

主要锻炼部位 ▶ 小腿

锻炼次数 ▶

左右侧各4~6次，20秒/次

身体面向墙壁直立，双手上前扶住墙面，左脚上前用前脚掌抵住墙面，右脚站立不变，身体前倾，左腿带动前脚掌向前用力顶，加强小腿拉伸。

脚尖拉伸

主要锻炼部位	脚部
锻炼次数	4~6次，20秒/次

身体面向右前方，双膝跪地，脚尖着地，大腿与小腿贴紧，双手抓住脚后跟。上半身稍稍前倾，双手由脚后跟移动至身体两侧，放于大腿根部。臀部坐于脚后跟上，身体重心下沉，脚尖受力。重复动作，充分进行脚尖拉伸。

体侧拉伸

主要锻炼部位	背部、腰部
锻炼次数	15秒/次，2次

双脚开立，稍稍大于肩宽，双手上举交叉握住，掌心向上，双臂伸直，向上牵拉身体，并在动作顶点停顿3~5秒。然后再分别向两侧伸直双臂，拉伸体侧，在体侧感受到充分的牵拉感时，停顿15秒。可重复动作2次。

胸、肩、背、肘拉伸

主要锻炼部位	胸部、肩部、背部
锻炼次数	10~12次

双臂水平放在身前，两手微握拳，慢慢地向上移，放在头的后面，两拳贴上，缓缓地越过头部向下移至腰间。

腰部及腿部拉伸

主要锻炼部位	腰部、腿部、背部
锻炼次数	10~12次

在做准备动作时，两腿分开，双臂交叉平放于胸前，利用腰部力量，上身慢慢地向下弯，弯到最大限度时，回到起始位置，运动过程中腿不能弯曲。注意要根据自身水平进行拉伸，切忌用力过度。

臀部、大腿内侧拉伸

主要锻炼部位	臀部、大腿内侧
锻炼次数	左右侧各4~6次，20秒/次

右手掌支撑在地面上，左臂置于大腿内侧，左手抓脚踝内侧，右腿向后伸展，用抓住脚踝的左臂将左腿向外侧用力推开。然后换腿重复动作。

大腿前侧拉伸2

主要锻炼部位	大腿前侧
锻炼次数	左右侧各4~6次，20秒/次

身体站直，保持腰部挺直，将一条腿向身后弯曲，脚跟朝向臀部，将同侧的手向后伸展并抓住脚背，将这条腿的膝盖慢慢向后拉开进行舒展。此时另一条胳膊要用力向体侧伸展，同时与地面保持水平。换腿重复动作。

选择适合你的训练计划

chapter 04

健身房篇

健身房健身

　　健身房健身的最大优点就是健身器材多、场地专业，可以针对身体各个部位进行专门的训练。

　　对于初学者来说，器械健身有保护机制，利用器械健身比较安全。对于身体两侧肌肉发育不平衡的健身者，利用器械可以对一侧单独进行训练，平衡身体两侧的肌肉。

　　用健身器械来训练，可以充分刺激肌肉，使肌肉在高强度下发生撕裂，然后在身体恢复过程中，重塑肌肉，健身者就会收获更强壮的肌肉。在负重上，健身者可以不断增加负重，获得更大的绝对力量。而依靠自重进行训练的无器械健身，在体能增长到一定程度后，肌肉的增长会受到限制，因为肌肉已经很难得到进一步刺激。此时进行一些器械健身是不错的选择。

健身计划参考

　　以下给出的健身参考计划，健身者可以根据自己的健身频率来选择。一周练4次以上的，可选择强度适中的计划；一周练4次以下的，可以选择强度高一些的计划。另外，对于刚刚开始进行健身的人来说，可选择强度最低的计划来训练。在下列计划中，将健身群体分为3个层次：初级健身者、中级健身者和高级健身者。读者可根据自身情况判定自己属于哪一健身群体，一般来说，接触健身半年以内，属于初级健身者；半年以上、一年半以下，属于中级健身者；一年半以上，属于高级健身者。

健身房初级健身者适应计划

1. 跑台慢跑热身10分钟。
2. 伸展器伸展。
3. 器械练习。

星期一	星期二	星期三	星期四	星期五
拉力器飞鸟 （第58页）	坐姿肩上推举1 （第74页）	史密斯机 杠铃深蹲 （第166页）	史密斯机卧推 （第56页）	拉力器坐姿弯举 （第89页）
高拉背训练器 颈后下拉 （第146页）	史密斯机 直腿硬拉 （第164页）	拉力器飞鸟 （第58页）	史密斯机 单臂划船 （第152页）	拉力器下压 （第87页）
坐姿肩上推举1 （第74页）	高拉背训练器 颈后下拉 （第146页）	俯卧腿屈伸 （第180页）	坐姿飞鸟 （第62页）	坐姿肩上推举1 （第74页）
史密斯机 单臂划船 （第152页）	坐姿平推1 （第64页）	史密斯机 单臂划船 （第152页）	高拉背训练器 颈后下拉 （第146页）	坐姿平推1 （第64页）
	俯卧腿屈伸 （第180页）	坐姿平推1 （第64页）	坐姿平推1 （第64页）	

以上每个动作3~4组，每组8~20次

健身房中级健身者训练计划

1. 动感单车热身10分钟。
2. 伸展器伸展。
3. 器械练习。

星期一	星期二	星期三	星期四	星期五
拉力器背后臂屈伸（第97页）	史密斯机杠铃深蹲（第166页）	高拉背训练器颈后下拉（第146页）	杠铃硬拉（第161页）	正握引体向上（带辅助）（第131页）
划船机后拉（第143页）	坐姿水平蹬腿（第174页）	坐姿划船（第156页）	俯卧腿屈伸（第180页）	坐姿划船（第156页）
平板卧推（水平）（第50页）	史密斯机直腿硬拉（第164页）	蝴蝶机夹胸（第45页）	坐姿屈腿器腿屈伸（第176页）	罗马椅侧倾（负重）（第104页）
平板卧推（斜上）（第48页）	髋臀部训练机前后摆腿（正后）（第170页）	史密斯机上斜卧推（第54页）	坐姿水平蹬腿（第174页）	悬垂侧举腿（第118页）
坐姿肩上推举2（第76页）	阶梯提踵（脚踝）（第178页）	坐姿肩上推举2（第76页）	髋臀部训练机前后摆腿（正后）（第170页）	杠铃片体侧屈（第122页）
	悬垂举腿（第116页）		罗马椅侧倾（第102页）	

以上每个动作3~4组，每组8~12次或8~15次

健身房高级健身者突破计划

1. 登山机热身10分钟。
2. 伸展器伸展。
3. 器械练习。

星期一	星期二	星期三	星期四	星期五
竖握引体向上（带辅助）（第137页）	史密斯机杠铃深蹲（第166页）	正握引体向上（第129页）	杠铃硬拉（第161页）	竖握引体向上（第135页）
坐姿划船（第156页）	坐姿水平蹬腿（第174页）	史密斯机单臂划船（第152页）	俯卧腿屈伸（第180页）	划船机后拉（第143页）
平板卧推（水平）（第50页）	杠铃硬拉（第161页）	拉力器飞鸟（第58页）	双杠臂屈伸（第99页）	罗马椅侧倾（负重）（第104页）
平板卧推（斜下）（第52页）	髋臀部训练机前后摆腿（斜后）（第172页）	平板卧推（斜上）（第48页）	髋臀部训练机左右摆腿（第168页）	罗马椅挺身（负重）（第108页）
坐姿肩上推举3（第78页）	史密斯机负重提拉（第71页）	坐姿杠铃颈后推举（第80页）	髋臀部训练机前后摆腿（斜后）（第172页）	健腹轮滑动健腹（第114页）
	下斜板仰卧起坐（第110页）		拉力器手臂屈伸（第85页）	

以上每个动作3~4组，每组8~12次或8~15次

女性减脂计划

女性减脂计划的主要目的如下。

1. 全面增强身体各个部位的基础力量。
2. 让身体适应运动的节奏。

有氧训练40分钟（登山机、跑步机、动感单车）

星期一	星期二	星期三	星期四	星期五
坐姿平推1 （第64页）	跑步机 （第194页）	登山机 （窄握半蹲身体） （第188页）	跑步机 （第194页）	动感单车 （握把） （第182页）
下斜平凳 收腹（左、右） （第124、126页）	坐姿屈腿器 腿屈伸 （第176页）	史密斯机卧推 （第56页）	正握引体向上 （第129页）	斜托臂杠铃弯举 （第95页）
拉力器飞鸟 （第58页）	史密斯机 杠铃深蹲 （第166页）	史密斯机 上斜卧推 （第54页）	宽握坐姿下拉背 （第158页）	蝴蝶机夹胸 （第45页）
下斜仰卧抬腿 （第112页）	史密斯机 直腿硬拉 （第164页）	俯卧腿屈伸 （第180页）	站姿双臂侧 下拉夹胸 （第60页）	坐姿划船 （第156页）

以上每个动作3~4组，每组15~20次

女性塑形计划

女性塑形计划的主要目的如下。

1. 提高身体的平衡协调性及柔韧性。

2. 达到塑形的目的。

有氧训练40分钟（登山机、跑步机、动感单车）

星期一	星期二	星期三	星期四	星期五
坐姿平推1（第64页）	跑步机（第194页）	登山机（窄握半蹲身体）（第188页）	跑步机（第194页）	动感单车（握把）（第182页）
下斜平凳收腹（左、右）（第124、126页）	坐姿屈腿器腿屈伸（第176页）	下斜仰卧抬腿（第112页）	下斜平凳收腹（左、右）（第124、126页）	跑步机（第194页）
跑步机（第194页）	俯卧腿屈伸（第180页）	跑步机（第194页）	坐姿屈腿器腿屈伸（第176页）	坐姿屈腿器腿屈伸（第176页）
下斜仰卧抬腿（第112页）	动感单车（握把）（第182页）	俯卧腿屈伸（第180页）	动感单车（握把）（第182页）	俯卧腿屈伸（第180页）

以上每个动作3~4组，每组15~20次

男性增肌计划

1. 跑台慢跑热身10分钟。
2. 伸展器伸展。
3. 器械练习。

星期一	星期二	星期三	星期四	星期五
史密斯机 杠铃深蹲 （第166页）	史密斯机卧推 （第56页）	宽握引体向上 （第133页）	拉力器坐姿弯举 （第89页）	斜托臂杠铃弯举 （第95页）
坐姿水平蹬腿 （第174页）	史密斯机 直腿硬拉 （第164页）	坐姿杠铃 颈后推举 （第80页）	斜托臂杠铃弯举 （第95页）	坐姿肩上推举1 （第74页）
坐姿屈腿器 腿屈伸 （第176页）	拉力器飞鸟 （第58页）	高拉背训练器 颈前下拉 （第149页）	俯卧腿屈伸 （第180页）	平板卧推 （斜上） （第48页）
俯卧腿屈伸 （第180页）	蝴蝶机夹胸 （第45页）	坐姿划船 （第156页）	拉力器背后 臂屈伸 （第97页）	阶梯提踵 （脚踝） （第178页）
	坐姿飞鸟 （第62页）	拉力器飞鸟 （第58页）	绳索下拉 （第83页）	下斜平凳 收腹（左、右） （第124、126页）
	史密斯机 单臂划船 （第152页）		高拉背训练器 颈后下拉 （第146页）	
			拉力器单臂 反握下拉 （第91页）	

以上每个动作3~4组，每组8~12次或8~15次

男性减脂计划

1. 跑台慢跑热身10分钟。
2. 伸展器伸展。
3. 器械练习。

星期一	星期二	星期三	星期四	星期五
拉力器飞鸟 （第58页）	坐姿肩上推举1 （第74页）	史密斯机 杠铃深蹲 （第166页）	史密斯机 负重提拉 （第71页）	斜托臂杠铃弯举 （第95页）
坐姿平推1 （第64页）	史密斯机 直腿硬拉 （第164页）	拉力器飞鸟 （第58页）	史密斯机 单臂划船 （第152页）	拉力器下压 （第87页）
高拉背训练器 颈后下拉 （第146页）	弹力绳 俯身臂屈伸 （第93页）	大腿前侧拉伸1 （第200页）	坐姿飞鸟 （第62页）	俯卧腿屈伸 （第180页）
坐姿划船 （第156页）	斜托臂杠铃弯举 （第95页）	罗马椅挺身 （第106页）	蝴蝶机夹胸 （第45页）	拉力器坐姿弯举 （第89页）
下斜仰卧抬腿 （第112页）	拉力器下压 （第87页）	下斜板仰卧起坐 （第110页）	高拉背训练器 反握下拉 （第141页）	罗马椅挺身 （第106页）
杠铃片体侧屈 （第122页）	坐姿杠铃 颈后推举 （第80页）	下斜平凳 收腹（左、右） （第124、126页）	俯卧腿屈伸 （第180页）	下斜板仰卧起坐 （第110页）

以上每个动作4~6组，每组8~20次

常见问题解答

训练初期，一周训练3次够吗？

刚开始进行锻炼的话，一周保持2次力量训练是比较合适的，这样才会有锻炼效果。对于肌肉训练来说，一周要控制在3次以内，不要超过3次。肌肉训练既要关注全身性的肌肉训练，也要有针对性地进行局部肌肉训练。2次力量训练的中间，最好有1次有氧训练，来强化力量训练成果。

如何才能快速减轻体重？节食可行吗？

过度节食对健康是有害的，主要是因为节食会使人体的新陈代谢速度减缓，而且会增加食欲。如果想健康地减重，很有必要进行科学、合理的身体锻炼。只有通过身体锻炼才能加速新陈代谢、燃烧脂肪，促进体重的减轻。在进行减重时，科学健康的饮食搭配，以及持久的身体锻炼，两者相辅相成，互为补充，才有利于减重。

坚持每天锻炼和一周锻炼几次，效果有什么不同？

其实锻炼的效果是可以积累的，只要是坚持锻炼，无论一周几次，对我们保持健康、减脂或塑形都是有帮助的。

用时较长的、动作相对缓慢的运动，对燃烧脂肪有帮助吗？

正常来说，运动强度较低的有氧运动，会燃烧更多脂肪。针对减肥而言，无论是时间短、强度大的运动，还是周期长、强度低的运动，都可以见效。

已经瘦下来了，还需要通过肌肉训练降脂吗？

瘦身成功，不代表肌肉就是健康的。肌肉训练不仅可以有效地帮助我们塑造优美的身形，强壮体魄，还可以促进新陈代谢，使我们更加有精力、有活力。所以即使体重降下来了，也要坚持训练来巩固效果。

运动后我感到非常疲惫，这样正常吗？

如果在用杠铃进行锻炼后感到疲惫，那么证明你的杠铃太重了，应该更换轻一点的杠铃。如果有氧运动后感到疲惫，那么可以通过降低腿部运动的幅度来缓解疲惫。如果运动期间感到疲惫，那么最好停止运动做原地踏步来缓解。

有氧运动是最有效的减肥运动吗？

有氧加上力量训练是最有效的减肥运动。有氧运动可以燃烧体内的糖类和脂肪，减少全身脂肪的含量，而力量训练可以在减掉脂肪的同时增加肌肉。平均每斤肌肉每天可以消耗约209焦耳的热量，所以肌肉的增多意味着燃烧的热量更多。

如果女性练习举重，会不会看上去很男性化？

举重练习不会使女性的肌肉太发达，反而越练习越会让肌肉变得紧实。举重练习会使女性小腹更加扁平，手臂更加匀称，双腿更加紧实。肌肉的形成主要取决于雄性激素的分泌量，而女性雄性激素的分泌量仅是男性的1/10而已。